BYW BUSNES

Cyflwynir y llyfr hwn er cof am
fy Mam a'm Tad

BYW BUSNES

Gari Wyn

Argraffiad cyntaf: 2010

Rhif rhyngwladol: 978-1-84527-285-2

Mae'r cyhoeddwr yn cydnabod cefnogaeth ariannol
Cyngor Llyfrau Cymru

Cynllun clawr: Sion Ilar/CLIC

Cyhoeddwyd gan Wasg Carreg Gwalch,
12 Iard yr Orsaf, Llanrwst, Conwy, LL26 0EH.
Ffôn: 01492 642031 Ffacs: 01492 641502
e-bost: llyfrau@carreg-gwalch.com
Ile ar y we: www.carreg-gwalch.com

Cynnwys

Cyflogi pobl

Adnabod unigolion a chael y gorau ohonynt

Cyswllt rhwng busnes a chwsmer

Ysgol brofiad gwerthwr ceir

Dyddiadur wythnos waith gwerthwr ceir

Talu trethi

Argraffiadau personol

Y sectorau busnes amrywiol yng Nghymru

Pwysigrwydd busnesau bach

Gwybodaeth bellach

Mynegai

Rhagair

Mae ugain mlynedd wedi mynd heibio ers imi roi'r gorau i'm gyrfa fel athro i ganolbwyntio'n llwyr ar fy mywyd mewn busnes. Fel yr aeth y blynyddoedd diwethaf yn eu blaenau, deuthum i gredu fod gen i fymryn o stori i'w hadrodd. Bûm yn ddigon ffodus i sicrhau fod peth llwyddiant wedi dod i'm rhan fel dyn busnes ac er nad wyf yn un gwleidyddol fy natur, rwyf wastad wedi teimlo'n gryf dros hyrwyddo'r syniad o gael mwy o Gymry ac o Gymry Cymraeg i ddod yn amlycach o fewn y sectorau busnes yng Nghymru.

Mae'n eironig fy mod wedi mynd ati i gofnodi ac i drafod mewn cyfnod pan mae'r byd yn wynebu dirwasgiad economaidd a gwasgfa gyffredinol ar fenthyca arian (*y credit crunch*). Pasiodd y Llywodraeth Lafur nifer o fesurau a oedd yn anelu at gryfhau'r sefyllfa economaidd yn 2008 gan obeithio y byddai modd i bobl ailddechrau gwario gan hybu busnesau bach a mawr. Mae banciau a busnesau wedi dioddef yn enbyd ac mae rhwydwaith busnes Prydain yn clafychu. Er gwaethaf hyn rwyf yn bersonol yn credu bod yma gyfleon realistig i hyrwyddo busnes yng Nghymru, yn enwedig o fewn sector y busnesau bach. Mae busnesau mawr yn cyflogi llawer o weithwyr ac yn wahanol i'r busnesau hynny sy'n cyflogi deg neu lai, mae cyfnod o ddirwasgiad yn gallu taro'n drwm mewn mater o wythnosau. Mae busnesau bach yn gallu ysgwyddo'u problemau a lleihau eu beichiau os ydynt wedi gweithio'n gyson a pharatoi eu hunain ar gyfer sefyllfa o wanhau o fewn yr economi. Mae ail ddegawd yr unfed ganrif ar hugain yn debygol o roi cyfle i entrepreneuriaeth unigolyddol ddod yn amlwg drwy gyfrwng busnesau bach amrywiol a chynhyrchiol mewn llu o feysydd, boed y rheiny'n feysydd newydd neu draddodiadol.

Diben y gyfrol hon yw ceisio croniclo ffrwyth fy mhrofiad a'i osod rhwng dau glawr gan obeithio y bydd yr hyn a brofais o werth ac o ddiddordeb i unrhyw un sydd â'i fryd ar fwynhau gyrfa mewn busnes. Hoffwn gredu fod gennyf wersi a straeon ar gyfer pawb, gwersi sy'n tarddu o fethiant ac o lwyddiant.

Treuliais bedair blynedd ar ddeg fel athro ysgol. Bu'r blynyddoedd hynny'n rhai gwerthfawr ac adeiladol. Ymysg y pethau y llwyddais i'w cyflawni yn ystod y cyfnod hwnnw fel athro, gallaf ddweud mai un o'r pethau pwysicaf yw'r ffaith fy mod wedi cael mwynhad o addysgu. Ymdrechais i annog pobl ifanc i wneud eu gorau ac i wynebu her o fewn eu gwaith a'u bywyd bob dydd. Oherwydd y blynyddoedd a dreuliais fel athro byddaf bob amser – a hynny ugain mlynedd ar ôl ymadael â'r proffesiwn – yn dal i ymddwyn a swnio fel athro, boed hynny er gwell neu er gwaeth.

Mae'r mwyafrif ohonom yn anelu at gynnal rhyw fath o grwsâd neu genhadaeth mewn bywyd, os ydym yn credu'n gryf dros rywbeth. Fy nghrwsâd personol i yw fy nghred fod angen mwy o bobl fusnes ac entrepreneuriaid Cymraeg. Gallaf ddweud fy mod i wedi cael hwyl a phleser pur wrth geisio hyrwyddo hyn. Nid wyf am eiliad yn gosod fy hun fel esiampl ddelfrydol ond gwn un peth: mae gennyf brofiadau i'w cynnig a gwersi i'w dysgu. Mae rhai o'r gwersi hyn yn tarddu o lwyddiant ond mae mwy fyth yn tarddu o fethiannau. Dysgais lawer o ganlyniad i'm camgymeriadau cynnar mewn busnes ac fe all pob unigolyn ddysgu o'i fethiannau os yw'n edrych yn ôl yn adeiladol a phositif arnynt. Mae hanes dynion busnes amlycaf y byd i gyd yn datgan y gwirionedd syml hwn. Fel hyn y dywedodd Henry Ford: 'Methiant yw'r cyfle i ddechrau eto, mewn dull mwy deallus.'

Hyd y gwelaf, mae prinder enbyd o ysgrifau a llyfrau Cymraeg ar gyfer unrhyw un sydd am ddechrau busnes yng Nghymru, yn enwedig felly yng ngorllewin Cymru ac yn yr ardaloedd llai poblog. Mae llawer o'r hyn sy'n cael ei gyhoeddi yn Saesneg yn amherthnasol i ni fel Cymry Cymraeg. Mae llenyddiaeth Saesneg yn cymryd yn ganiataol yn aml iawn mai ymgyfoethogi'n ariannol yw prif flaenoriaeth darpar ddyn busnes. Drwy gyfrwng y llyfr hwn gobeithiaf ddangos fod llawer iawn mwy i'w ennill o ddod yn entrepreneur nag sydd o ddod yn unigolyn cyfoethog. Daw llawer o bleser a boddhad personol i'r sawl sy'n ymdrechu i greu busnes. Nid ymgyfoethogi'n ariannol yw'r diben pwysicaf o bell ffordd.

Gallwch ddefnyddio'r llyfr hwn fel llawlyfr cyffredinol ar gyfer y broses o greu, sefydlu ac ehangu busnes. Gobeithiaf y bydd yn gymorth ar gyfer y sawl sydd am feithrin sgiliau busnes cyffredinol. Gobeithiaf hefyd fod yma wybodaeth benodol ar gyfer galluogi'r darllenydd i asesu ei effeithiolrwydd ei hun mewn busnes. Gall fod yma linyn mesur ar gyfer busnes a hefyd ar gyfer gyrfa a bywyd unigolion nad ydynt yn gweithio o fewn busnes. Mae penodau'r llyfr wedi cael eu rhannu'n nifer o is-deitlau, sef yr is-deitlau hynny sy'n bwysig o safbwynt fy mhrofiad personol i mewn busnes. Mae'r penodau hefyd yn cynnwys tablau a holiaduron syml a all fod o ddefnydd i'r sawl sydd am brofi ei allu a'i wybodaeth bersonol ei hun.

Dywed rhai awduron fod llawer o unigolion wedi eu geni i fod yn entrepreneuriaid ond yn y llyfr hwn byddaf yn ceisio profi bod modd ichi eich hyfforddi eich hun ar gyfer dod yn entrepreneur. Mewn swydd gyflogedig fe fyddwch yn ddiogel ac efallai'n fodlon ar eich byd, ond dim ond wrth ddod yn feistr ar eich gyrfa eich hun y daw rhyddid ichi. Cyn dod yn ddyn busnes rhaid ichi fod eisiau rhyddid yn fwy na bod eisiau diogelwch a sicrwydd. Rhaid ichi fagu'r dewrder i anwybyddu siec y cyflog misol a rhaid ichi fod yn barod i ddysgu o'ch camgymeriadau.

Un elfen sy'n gallu atal llawer o bobl rhag cymryd y cam o sefydlu eu busnes eu hunain yw eu bod yn methu canfod syniad addawol. Rhaid i unrhyw syniad busnes gynnig ffordd i ddatrys problem. I ddarganfod y syniad hwn felly rhaid edrych ar bob problem fel cyfle. Rydym oll yn euog o gwyno am ein hamgylchiadau heb ystyried fod yna ddull o gywiro'r hyn sy'n ein cythruddo. Gwnewch yr arbrawf hwn – bob tro y byddwch yn anfodlon ag unrhyw sefyllfa dros y dyddiau nesaf, yn hytrach na chwyno, holwch eich hun a oes dull gwell o reoli'r broblem. Drwy'r meddylfryd hwn mae pobl yn meithrin syniadau a thrwy hynny daw'r agoriadau i greu syniad am fusnes. Nid oes rhaid i'r syniad neu'r ateb fod yn gymhleth oherwydd mae bron pob syniad am greu busnes yn tarddu o sefyllfa syml.

Chwilio am syniad syml ac ymarferol yw'r gamp wrth ddechrau busnes yn ogystal â chwilio am fwlch yn y farchnad. Bob tro y daw syniad ichi, holwch eich hun nid yn unig ynglŷn â pha mor ddefnyddiol y gallai eich syniad fod ar gyfer pobl eraill ond gofynnwch a yw bywydau pobl yn dlotach gan nad oes ganddynt yr hyn sydd gennych i'w gynnig iddynt. Chwiliwch o fewn eich bywyd a'ch amgylchfyd eich hun am y syniad; mae'n debygol fod yr ateb ar garreg eich drws ac i'w gael o fewn eich profiad personol eich hun.

Os ydych wedi eich magu yng nghefn gwlad, ystyriwch a oes posibiliadau ymarferol o agor drysau newydd a chynhyrchu unrhyw nwyddau neu fwydydd neu unrhyw beth arall y gallwch ei gysylltu â'ch amgylchfyd. Defnyddiwch y we i'ch dibenion eich hun a chofiwch fod modd dosbarthu a gwerthu yn sydyn ac yn effeithiol unwaith y bydd sianelau newydd wedi eu creu. Yn yr unfed ganrif ar hugain mae logisteg yn llawer llai o broblem nag y bu. Yr hyn sydd ei angen yw ysbrydoliaeth ac mae hwnnw i'w gael ym mhobman o'ch cwmpas, dim ond ichi chwilio amdano.

Gobeithiaf hefyd y bydd y llyfr hwn yn ei gwneud hi'n eglur fod modd i bawb, faint bynnag yw eu hoedran, ysbrydoli eu hunain i gychwyn busnes. Twyll camarweiniol yw dweud fod rhaid dechrau'n ifanc iawn. Pobl gyffredin yn manteisio ar sefyllfa sydd fel arfer yn dechrau busnes a dod yn entrepreneuriaid. Nid oes dim byd yn wahanol i'r mwyafrif o bobl yng ngwneuthuriad na chymeriad entrepreneur. Mae pobl fusnes hefyd yn colli eu goriadau, yn anghofio eu hapwyntiadau deintyddol ac yn colli rhifau ffôn a gadael cotiau mewn tai bwyta. Nid oes rheolau na chymwysterau ysgrifenedig i'ch cymhwyso ar gyfer creu'r sefyllfa a'r amgylchiadau sy'n rhoi sylfaen i gychwyn busnes. Y sefyllfa rydych chi ynddi o fewn cyd-destun eich bywyd sy'n tanio'r ysbrydoliaeth. Nid eich oedran na'r blynyddoedd o brofiad sydd gennych.

Gobeithiaf y bydd yma wybodaeth a phrofiadau ymarferol a fydd yn dangos sut y mae ariannu a chreu sylfaen ariannol i'ch busnes. Ceir adrannau sy'n cyfeirio at ffynonellau amrywiol o adnoddau yn ogystal â ffynonellau o gyngor proffesiynol. Nid oes ar bawb angen yr un wybodaeth ond mae'n rhaid i bawb fod yn barod i wrando ar gyngor. Ym mhob un bennod o'r llyfr hwn bydd pwyslais ar y ffactorau hynny sy'n cymell dyn i wella ei hun o fewn ei fusnes ac yn ei fywyd dyddiol. Byddaf yn ceisio eich argyhoeddi fod modd ichi lywio eich ffawd eich hun a chreu eich lwc a'ch llwyddiant drwy fabwysiadu agwedd bositif a phenderfynol. Hoffwn gredu nad oes rhaid darllen y llyfr o'r dechrau i'r diwedd. Dyna pam mae is-benawdau a theitlau amrywiol o fewn y penodau. Gallwch benderfynu drosoch eich hun pa adrannau ydych am eu darllen ond rwyf yn hyderus y byddwch yn cael blas ar y cyfanwaith ac yn penderfynu darllen y llyfr o glawr i glawr.

Gallwch ddefnyddio'r llyfr i brofi a holi a yw eich syniad am fusnes yn un ymarferol ai peidio. Rhaid i bob dyn busnes (defnyddiaf y term 'dyn busnes' drwy'r gyfrol hon i gwmpasu dynion a merched gan ei fod yn swnion well na'r term 'person busnes') allu mesur a barnu ei grefft, ac i wneud hynny rhaid iddo geisio gwella ansawdd ei gynllun a'i gynnyrch yn gyson. Mae geiriau'r athronydd Aristoteles yn crynhoi'r hyn sy'n rhaid anelu tuag ato: 'O fewn arena bywyd dynol daw anrhydeddau a gwobrau i'r sawl sy'n arddangos ansawdd da drwy gyfrwng ei weithredoedd.'

Hoffwn ddiolch i fy nghydweithwyr, fy mrawd, fy nheulu a phawb sydd wedi bod yn gefn amyneddgar imi drwy gydol fy mlynyddoedd o fewn fy musnes. Hoffwn ddiolch hefyd i'r 40,000 o bobl sydd wedi dreifio car gyda sticer Ceir Cymru ar y ffenest ôl. Mae'r cwsmeriaid hyn wedi rhoi oriau o bleser ac o addysg ysgol brofiad imi dros gyfnod o bum mlynedd ar hugain. Diolch am y gefnogaeth a diolch fwy fyth am yr hwyl. Diolch i Gwenno Williams am gael trefn ar fy llawysgrifau gwreiddiol ac i Esyllt draw yn y Wladfa am gywiro'r arddull yma a thraw. Diolch i Myrddin a Gwasg Carreg Gwalch am gefnogi a hyrwyddo'r genhadaeth a diolch i Menter a Busnes am ledaenu'r weledigaeth ymysg Cymry Cymraeg.

Bydd rhai o'r penawdau sy'n dilyn yn cynnig eu hunain fel gwersi theoretig ond bydd eraill yn cynnig gwersi ar sail fy mhrofiad personol i o ymhél â busnes bychan prysur. Gobeithiaf o leiaf y bydd y plethiad hwn yn cynnig rhywfaint o ysbrydoliaeth ichi ac yn gymorth ichi wynebu eich her.

Gadael swydd

- Y newid o fod yn gyflogedig i fod yn feistr arnoch chi eich hunan/Dod yn entrepreneur/ Ystyr y gair entrepreneur

- Pa fath o entrepreneur all lwyddo yng Nghymru?

- Y cam o adael eich swydd

- Y meddwl positif a brwdfrydig

- Cwestiynau y dylech eu gofyn cyn cymryd y cam o adael eich swydd

- Etifeddu busnes ynteu creu un o'r newydd?

- Chwilio am gyngor a chymorth oddi allan wrth gychwyn

Ystyried gadael swydd

Trafodwch eich gobeithion a'ch breuddwydion, nid eich hofnau. Peidiwch â meddwl am eich rhwystredigaethau ond yn hytrach meddyliwch am y potensial nad ydych wedi ei wireddu. Ystyriwch beth sy'n bosib ichi ei gyflawni nid yr hyn yr ydych wedi ceisio na methu ei gyflawni'.

Y Pab John XXIII

Yn fuan wedi imi gael fy mhen-blwydd yn dri deg a phedwar, darllenais erthygl yng ngholofnau busnes y *Sunday Times* oedd yn trafod pa bryd yn union y dylai unrhyw un adael swydd i gychwyn busnes. Dadleuwyd bod rhaid gwneud hynny cyn ichi fod yn dri deg pump os oeddech am wneud llwyddiant o'ch menter. Mae Diane Wright yn dal i ysgrifennu colofnau busnes i'r papur hyd heddiw. A oedd hwn yn safbwynt cywir ar ei rhan ai peidio sy'n fater o farn, ond ar y pryd argyhoeddais fy hun ei bod yn amser imi fentro. Yn fy achos unigol i, nid oedd y mentro yn gam mor enfawr ag y bu i aml un a adawodd ei swydd i ddechrau ar lwybr o entrepreneuriaeth. Roeddwn wedi cynilo tipyn o arian dros gyfnod o dair mlynedd ar ddeg ac yn ogystal â hynny roeddwn wedi bod yn prynu a gwerthu pob math o nwyddau yn ystod fy amser hamdden. Bu'r profiad hwnnw ynddo'i hun yn gymorth ac yn garreg sylfaen imi. Bu hefyd yn rheswm dros imi orfod wynebu archwiliad eithaf brawychus gan Adran Cyllid y Wlad yn nes ymlaen ac yn wir roedd hynny hefyd yn ei ffordd ei hun yn brofiad adeiladol. Dangosodd imi pa mor bwysig oedd anelu at gywirdeb mewn gwaith ac mewn bywyd yn gyffredinol. Yn nes ymlaen yn y llyfr hwn caf gyfle i ehangu ar y profiadau hyn ac i ddangos fod camgymeriadau yn arwain yn y pen draw at wella ac at ehangu i'r cyfeiriadau cywir mewn gyrfa.

Y rheswm pennaf dros benderfynu ysgrifennu'r llyfr hwn oedd fy mod i'n teimlo bod fy stori bersonol i yn sicr o fod o ddiddordeb i ambell un sy'n ystyried gadael ei swydd i ddechrau ei fusnes ei hun. Mae ystadegau ysgolion busnes Prydeinig yn dangos fod 90% o fusnesau newydd yn mynd i'r wal o fewn y pum mlynedd cyntaf. Dangosant hefyd fod dros dri chwarter y rhai sy'n parhau yn methu cyn cyrraedd eu degfed blwyddyn! Mae'r ffigyrau hyn yn ffordd negyddol iawn o ddechrau llyfr sy'n amcanu at ysbrydoli'r darllenydd i gychwyn busnes ei hun. Pam mae cynifer o'r busnesau hyn yn fethiannau? Mae tri prif reswm:

1. Yn gyntaf, mae'r system addysg at ei gilydd yn paratoi myfyrwyr ar gyfer bod yn 'gyflogedig' mewn swyddi ac i ddringo'r ysgol gyflog o ris i ris ar sail lefelau cyflog. Nid yw'r gyfundrefn addysg yng Nghymru yn gyffredinol yn rhoi pwyslais ar hyfforddi entrepreneuriaid.

2. Mae'r pwyslais prin sydd ar greu pobl fusnes o fewn cyfundrefn addysg Prydain yn tueddu i addysgu myfyrwyr i fod yn hunangyflogedig. Mae bod yn fentrus a dod yn entrepreneur yn golygu rhywbeth gwahanol iawn. Os ydych yn amcanu at fod yn hunangyflogedig yna rydych yn amcanu at dalu cyflog i chi eich hunan. Os ydych am fod yn entrepreneur rhaid ichi fod yn barod i fyw drwy gyfnod o brinder arian a heb gyflog.

3. Y trydydd rheswm dros fethiant mentrau unigol yw bod entrepreneuriaid newydd yn dechrau heb ddigon o brofiad bywyd, heb ddigon o gyfalaf wrth gefn a hefyd heb sgiliau sylfaenol sy'n angenrheidiol i gychwyn unrhyw fusnes.

Hoffwn ddweud yn glir nad wyf yn fy ystyried fy hun yn ŵr busnes delfrydol. Ond rwyf wedi llwyddo yn fy maes busnes i adeiladu cwmni bychan sy'n gweithio'n effeithiol ac yn gwneud elw eithaf sylweddol. Yn y llyfr hwn gobeithiaf rannu peth o'r profiadau a gefais gan obeithio y bydd y profiadau hyn yn fuddiol i'r sawl sy'n anelu at ddechrau ei fusnes ei hun neu at ehangu ei fusnes.

Mae llu o filiwnyddion wedi ysgrifennu llyfrau a hunan-gofiannau. Saeson ac Americanwyr yw'r mwyafrif. Nid yw'n fwriad gen i geisio dangos sut y mae dod yn ariannog. Fel gŵr busnes sy'n ei ystyried ei hun yn Gymro yn gyntaf, hoffwn feddwl mai hybu busnesau bach yw byrdwn fy ngeiriau. Oherwydd natur yr economi sy'n bodoli yng Nghymru ac oherwydd patrymau poblogaeth wledig a threfol, mae creu busnesau mawr sy'n cyflogi mwy na phymtheg o bobl yn sialens enfawr. Byddwch yn sylwi fod miliwnyddion mawr Lloegr wedi cychwyn ac wedi ehangu eu busnesau o fewn y dinasoedd mwyaf, yn arbennig felly yn Llundain. Dyma fan cychwyn pobl fel Richard Branson ac Allan Sugar. Mae'n rhaid edmygu eu dyfeisgarwch a'u menter ond mae'r llyfrau ar hanes eu bywydau yn clodfori mawredd cyfalafiaeth yn hytrach na gwerth eu gwaith o fewn cyd-destun cymdeithasol.

Fy marn bersonol i yw bod angen rhannu'r gacen. Mae angen cynyddu niferoedd y busnesau bach a hynny o bosib ar draul twf y busnesau casgliadol mawr (*conglomerates*). Mae gormod o gyfoeth y gwledydd gorllewinol yn gorwedd yn nwylo nifer bychan o ŵyr cyfoethog. Ni all hyn fod yn beth iach i ffyniant democratiaeth fodern. Nid wyf yn wleidydd nac yn economegydd ond rwyf yn credu mai drwy sefydliadau llai y mae datblygu tuag at ddyfodol llewyrchus. Mae angen i fwy o bobl hawlio'r cyfle i fynegi eu hunain mewn busnes.

Cyn mynd ymhellach rhaid trafod yr enw 'entrepreneur'. O'i gymryd yn llythrennol mae'n golygu 'mentergarwch' ond erbyn heddiw mae tuedd i'r gair gael ei gamddefnyddio i ddisgrifio lleiafrif elitaidd o bobl sydd wedi llwyddo i ddod yn gyfoethog yn ariannol. Daw'r enw o'r ferf Ffrangeg *entreprendre* sy'n golygu 'ymgymryd' (*undertake*). Mewn geiriau eraill mae'n disgrifio rhywun sy'n 'gwneud rhywbeth', neu unrhyw un sy'n gweld cyfle ac yna'n asesu'r risg drwy gymharu'r risg gyda'r wobr neu'r enillion posibl. Ni ddylid edrych arno fel gair sy'n clodfori neu ganmol unigolyn; ni ddylid am funud ragdybio fod entrepreneur yn well nag unrhyw unigolyn cyffredin, ond mae'n bwysig deall fod gan entrepreneur ryddid i wneud fel ag y mynno yn ei waith ac nid yw'n gorfod disgwyl i rywun arall ddod heibio a rhoi rhywbeth o'i flaen ar blât. Un nodwedd arall sy'n cydfynd â'r awydd hwn i ennill rhyddid o fewn bywyd yw'r awydd i fod yn gystadleuol. Mae'r entrepreneur felly yn greadur sy'n gwthio ei hun dros y ffiniau traddodiadol.

Petaem yn edrych ar y byd cyn y Chwyldro Diwydiannol, byddai modd dweud fod y rhan fwyaf o'r boblogaeth yn entrepreneuriaid. Mewn geiriau eraill, nid oeddynt yn derbyn cyflog. Golyga hyn felly fod ffermwyr, cigyddion, gofaint, gwneuthurwyr canhwyllau, pobyddion a.y.b i gyd yn entrepreneuriaid. Creadigaeth y byd modern yw'r gair 'cyflogedig', neu *'employees'*. Mae angen nifer o ffactorau i greu amgylchfyd ar gyfer entrepreneuriaeth fodern ond y pwysicaf ohonynt yw 'rhyddid'. Mae'r cyflogedig yn chwilio am ddiogelwch a sicrwydd ond nid yw'r entrepreneur yn rhoi lle blaenllaw i hyn. Cyn y gall unrhyw un ddod yn fentergarwr felly, mae'n rhaid newid blaenoriaethau. Rhaid rhoi'r awydd am ryddid o flaen yr awydd i dderbyn cyflog misol a sicrwydd ariannol.

Ar wahân i fusnes, yr unig hobi sydd gen i yw hanes. Mae hanes Cymru o 1750 i 1900 yn fy niddori'n barhaus. Dyma gyfnod pan oedd y rhan fwyaf o bobl ein gwlad yn 'fentergarwyr', er na wyddent hynny eu hunain. Mae pobl y cyfnod yn cynnig gwersi ac arweiniad gwych i'r entrepreneur modern. Wrth astudio eu nodweddion a'r modd yr oeddynt yn cynnal eu hunain gellir canfod llawer o'r ffactorau hynny sy'n bwysig i greu entrepreneur modern.

Does fawr neb yn cael ei eni i fod yn fentergarwr. Proses o addysgu eich hunan ydyw. Mae'n ddiddorol gweld hefyd na all system addysg ysgolion y ganrif a aeth heibio ennill clod am greu entrepreneuriaid llwyddiannus. Enghreifftiau o'r rhai na fu'n llwyddiannus yn yr ysgol yw Henry Ford, Bill Gates, Howard Hughes a Richard Branson!

Mae'r gair entrepreneur ynddo'i hun yn cyfleu rhyw fymryn o snobyddiaeth. Mae'n awgrymu rhywbeth uchel-ael. Rhaid sylweddoli nad dyma yw'r gwirionedd. Gellir dadlau fod y sawl sy'n gyflogedig yn meddu ar fwy o statws a charisma o fewn y gymdeithas fodern. Ni ddylai unrhyw un geisio anelu at fod yn entrepreneur er mwyn dyrchafu ei statws. Dylid anelu at y rôl newydd hon er mwyn un rheswm syml, sef y rhyddid y gall ei gynnig i'r unigolyn. Mae'n bosib bod yn rhydd ond hefyd yn dlawd! Mae llawer wedi cyflawni'r trawsnewidiad o fod yn gyflogedig i fod yn entrepreneur llwyddiannus ond wedi parhau i fod yn ennill incwm ariannol cymharol fychan. Mae hyn yn arbennig o wir am yrfa gynharaf y rhan fwyaf o entrepreneuriaid llwyddiannus.

Pa fath o entrepreneuriaeth all lwyddo yng Nghymru?

Er cymaint y byddaf yn rhyfeddu, ac ambell dro'n edmygu miliwnyddion enwog, mae'n rhaid imi ddweud nad wyf yn credu y dylai gwledydd democrataidd ganiatáu i rai unigolion ddod yn llawer cyfoethocach na rhelyw aelodau eu cymdeithas. Mae dynion ariannog yn tueddu i gael eu dyrchafu'n arwyr o fewn y gymdeithas ddinesig yn Lloegr. Yn aml mae'r rhain yn dod yn 'selebs' amlwg, maent hyd yn oed yn creu rhaglenni teledu megis y 'Dragon's Den' i'w clodfori eu hunain. Mae pêl-droedwyr, sêr pop, darganfyddwyr, gwyddonwyr, arloeswyr y we a sawl aelod o feysydd eraill wedi dod yn gyfoethog dros nos. Fu gen i erioed mo'r gallu na'r potensial i wneud hynny. Dros y blynyddoedd, deuthum i gredu nad busnesau anferth yn tyfu fel madarch sydd ar Gymru eu hangen. Gwlad wasgaredig ei phoblogaeth yw ein gwlad, ac ar wahân i Gaerdydd ac Abertawe, nid oes gennym un ddinas y gellir ei chymharu â'r dwsinau o ddinasoedd dwys eu poblogaeth a phrysur eu bywydau a welir dros y ffin. Golyga hyn nad yw'n ymarferol dod yn filiwnydd nac yn ddyn busnes mawr dros nos yng Nghymru oni bai fod modd gwneud hynny drwy lansio busnes llwyddiannus hollol arloesol ar y we. Y dyddiau yma, daw hyn hefyd yn anoddach gan fod y busnesau cynnar hynny a lansiodd eu hunain yn nyddiau cychwynnol y we wedi hen sefydlu eu hunain. Mae ceisio cystadlu yn erbyn cwmnïau fel 'lastminute.com' neu 'e-Bay' yn anodd iawn, yr un mor anodd bellach ag ydyw i siop y pentref gystadlu â Tesco. Ond mae popeth dan haul yn bosib. Y gamp yw meddwl am ddulliau newydd, arbenigo mewn meysydd cyfyngedig, paratoi fframwaith a nod a chenhadaeth i'r busnes a sicrhau bod y margin elw yn gywir.

Yn y penodau nesaf nid darlithio ar ddulliau rheolaeth busnes yw'r diben. Nid y fi yn sicr yw'r un i wneud hyn. Gwaith cyfrifwyr ac athrawon busnes yw hynny. Yn wir, fe ddylwn fynd ar gwrs i ddysgu rhai o'r pethau hyn fy hun. Mae modd dod yn ŵr busnes eithaf llwyddiannus heb fod yn arbenigwr mewn mantolenni arian. Yr angen pennaf yw'r egwyddorion sylfaenol hynny a all eich cynnal wrth greu, sefydlu ac ehangu eich busnes. Nid llyfrau yn gymaint ag ysgol brofiad sy'n cynnig y canllawiau hyn ac wrth ysgrifennu'r penodau sydd i ddod, byddaf yn dwyn ar fy mhrofiad i'r cyfeiriad hwn gan obeithio y bydd hynny o ddiddordeb ac o fudd i'r darllenydd.

Y cam o adael swydd

Mae hyd yn oed ystyried meddwl am adael swydd yn brofiad ysgytwol i ambell un. Roedd hyn yn arbennig o wir yn fy achos i ac fe ymataliais rhag ysgrifennu fy llythyr ymddiswyddiad sawl gwaith. Ystyriais y mater o ddifrif am y tro cyntaf yn 1985 ond ni chymerais y cam tan 1990. Wrth fwrw golwg yn ôl heddiw, hawdd yw difaru na fu imi fentro ynghynt ond roedd y rhwyd diogelwch a roddwyd imi ar ddydd Iau olaf pob mis yn cynnig sicrwydd. Roeddwn hefyd yn mwynhau fy ngwaith fel pennaeth adran hanes. Gall ffactor 'mwynhau'r hyn sydd gennych' hefyd ddylanwadu ar eich penderfyniad. Os ydych yn hollol fodlon ac yn hapus yn eich swydd gyflogedig ni ddylech fentro ohoni. Os nad ydych yn hollol hapus a bodlon yn eich gwaith yna efallai eich bod yn un o'r rheiny sy'n barod i fentro. Ystyriwch yr hen air: 'Ceir llawer cam gwag trwy sefyll yn llonydd'! Peidiwch, fodd bynnag, â chymryd y cam hwnnw heb ystyried yr holl ffactorau newydd a fydd yn dylanwadu ar eich bywyd personol ac ar eich gyrfa o fewn eich busnes. Bydd y dylanwadau hyn yn sicr o newid patrwm eich bywyd ynghyd â'r rwtîn dyddiol yr ydych wedi arfer â bodloni arno.

Roeddwn i mewn sefyllfa ychydig yn wahanol i'r mwyafrif sy'n dechrau busnes gan fy mod i wedi bod yn prynu a gwerthu ceir yn fy amser hamdden. Yn ystod 1986 prynais safle ar y briffordd yng nghanol pentref Gaerwen. Roedd yn safle ddelfrydol. Costiodd ddeugain mil o bunnoedd imi ar y pryd ac o fewn dwy flynedd a hanner roedd wedi talu amdano'i hun. Os gallwch gael y profiad o reoli eich busnes ar raddfa fechan cyn gadael eich swydd, yna'n naturiol mae hynny'n fantais fawr. Wedi dweud hynny, gall fod yn anfantais oherwydd mae'n bosib nad ydych yn gwneud cyfiawnder ag unrhyw un o'r ddwy alwedigaeth os ydych yn ymdrechu i gyflawni'r ddwy. Buan y deuthum i wybod hynny, ac felly cyn hir roedd rhaid dewis rhwng y naill neu'r llall. Yn ystod fy mlwyddyn olaf fel athro roeddwn yn cyflawni peth o fy ngwaith ysgol yn fy swyddfa yng Ngaerwen. Roedd hyn yn arwydd imi nad oeddwn yn rhoi blaenoriaeth lawn i'm gyrfa fel athro. Felly roedd rhaid bod yn barod i fentro a chymryd cyfle newydd pan ddeuai i'r golwg. Wrth ystyried y cyfle newydd roedd llawer o ofnau yn fy meddwl. Gwn heddiw na ddylwn fod wedi bod yn ofnus oherwydd roedd y penderfyniad i weithio gen i. Dechreuais fagu hyder ac mae'r hyder hwnnw wedi bod yn ganllaw pwysig imi mewn bywyd. Mae dau hen ddywediad sy'n werthfawr ac yn berthnasol i bob entrepreneur ar ddechrau gyrfa. Yr hynaf o'r ddau yw 'Oni heuir, ni fedir' a'r un diweddarach sy'n cyfleu neges eithaf tebyg yw 'Oni fentrir, ni cheir'.

Mae pobl gyflogedig yn eu haddysgu eu hunain yn barhaol a chyson o fewn cyfundrefn. Mae proses wahanol o addysgu yn digwydd pan fo rhywun yn cychwyn ar fenter. Mae'r broses honno yn dibynnu ar gyfleoedd. Dengys llyfrau sydd wedi cael eu hysgrifennu ynglŷn â'r cyfnewidiad o fod yn gyflogedig i fod yn arweinydd eich menter eich hun bod nifer o wahaniaethau amlwg rhwng bywydau'r ddau fath yma o unigolyn. Gwelir fod pum nodwedd amlwg i'r cyfnewidiad:

1. Eich bod wedi newid eich holl athroniaeth am fywyd, o fod eisiau sicrwydd swydd ddiogel i fod eisiau system o ryddid agored fel cynhaliaeth economaidd.

2. Mae arian yn dod yn llai a llai pwysig pan nad ydych yn derbyn sicrwydd cyflog misol.

3. Mae'r broses o addysgu eich hun mewn bywyd yn dod yn fwy a mwy cyffredinol ac yn llai arbenigol wedi ichi adael swydd gyflogedig.

4. Rydych yn canolbwyntio fwyfwy ar gyfleoedd newydd nag ar gadarnhau'r hyn sydd gennych eisoes.

5. Nid ydych yn anelu at wella eich safle personol o fewn sefydliad. Proses o fod yn gyfrifol am esblygiad parhaol ydyw.

Hyd y gwelaf i mae pob entrepreneur yn meddu ar ryw fesur o'r nodweddion canlynol:

1. Egni a chryfder personol

2. Penderfyniad ac ysfa i gyrraedd nod

3. Hyder, yr wybodaeth fewnol sy'n gwneud iddo gredu ei fod yn gallu cyrraedd y nod

4. Diffyg amynedd – yn aml yn methu â disgwyl mewn ciw heb fynd yn flin!

5. Y gallu i beidio ymollwng a bod yn or-emosiynol wrth ddelio â materion o bwys o ddydd i ddydd

6. Rheolaeth sicr, yr awydd i fod yn annibynnol ac i baratoi ar gyfer y cam nesaf o hyd

7. Y gallu i ragweld beth fydd effaith pob datblygiad bychan o fewn y darlun eang

8. Iechyd. Fel arfer mae angen i entrepreneur fod yn ofalus o'i gorff ac mae'n tueddu i fod yn heini yn amlach na pheidio!

Dechrau'r meddwl positif a thanio'r brwdfrydedd

Unwaith ar ôl imi gerdded allan am y tro olaf o'm hystafell ddosbarth yn yr ysgol lle treuliais ddeuddeng mlynedd fel athro, gwyddwn nad oedd troi yn ôl i fod. Roedd pennaeth hanes newydd wedi'i benodi ac roedd garej Minffordd yng nghanol pentref Bethel yn disgwyl amdanaf. Roedd yno fusnes gwerthu petrol a oedd yn cynhyrchu elw bychan, gweithdy trwsio ceir prysur ac iard werthu ceir fechan. Doeddwn i ddim yn anelu'n uchel ar y dechrau ond roeddwn i wedi talu pris uchel iawn am y busnes. Pan brynais y lle, nid prynu busnes oedd ar werth a wneuthum ond argyhoeddi'r perchennog i werthu pan nad oedd wedi rhoi ei fusnes ar werth. Golygodd hyn o bosib fy mod wedi talu mwy na gwir werth y busnes ar y farchnad agored. Roeddwn yn ymwybodol iawn o hynny, ac er gwaethaf cyngor proffesiynol a ddywedai fod y pris yn rhy uchel, es ymlaen â'r pryniant. Dywedai fy ngreddf fy mod i'n gywir ac er gwaethaf popeth, penderfynais fy mod am ymroi'n llwyr i'r busnes.

Penderfynais y byddwn yn byw heb gyflog am y flwyddyn neu ddwy gyntaf. Cefais gymorth ariannol fy rhieni a gwagiodd fy mrawd Trefor pob cronfa gynilo oedd ganddo i fod yn rhan-berchennog o'r busnes. Byddaf yn aml yn teimlo'n euog fy mod wedi eu llusgo i mewn i'r fenter oherwydd petawn wedi methu byddai'r tri ohonynt wedi colli eu cynilion oes. Fel y digwyddodd pethau, roeddynt yn falch iawn o'r cyfle i gael bod yn rhan o rywbeth cyffrous. Nid oeddynt yn chwilio am her o unrhyw fath ond cawsant eu taflu i'r dŵr dwfn a doedd dim troi'n ôl. Roedd y papurau wedi'u harwyddo ac roedd y banc yn gefnogol. Bob dydd yn ystod y tair blynedd nesaf, byddwn yn trafod materion o bob math gyda Mam. Roedd hi'n geidwadol iawn ond yn ddynes drefnus a phen synhwyrol ganddi. Dysgodd fi i edrych ymlaen bob amser ac i elwa ar draul camgymeriadau ac i beidio â difaru dim. Yn nes ymlaen, fe gaf gyfle i drafod gwerth a phwysigrwydd camgymeriadau. Mae modd dadlau fod rhaid i bob dyn busnes wneud camgymeriadau os yw'r busnes i ffynnu a gwella a chynyddu yn ei faint. Mae'r cyfnodau anodd wedi dysgu llawer i mi o fewn datblygiad fy musnes – 'Gorau athro, adfyd' medden nhw.

Y gwahaniaeth rhwng dechrau gyrfa fel athro a dechrau gyrfa fel dyn busnes yw'r ffaith syml fod rhaid wynebu'r cyfan ar eich pen eich hun mewn busnes, tra bod cyd-athrawon, penaethiaid adran, prifathrawon a swyddogion addysg ar gael i fod o gymorth i'r sawl sy'n dechrau gyrfa fel athro. Dyma felly arddangos fod rhaid bod yn bositif ac yn llawn brwdfrydedd wrth ddechrau busnes. Nid oes yr un sefydliad wrth law i'ch cefnogi ac erbyn heddiw mae grantiau ar gyfer dechrau busnes wedi mynd yn bethau prin iawn. Wrth gwrs, rhaid cyplysu'r meddwl positif â'r cysyniad o weithio'n ddiwyd. Mae llawer o ddynion busnes yn llwyddo heb weithio oriau hirfaith ond yn gyffredinol mae'r mwyafrif yn gweithio'n galetach na phan oeddynt yn gweithio yn y sector gyflogedig.

Nifer o gwestiynau munud olaf i'w gofyn cyn cyflwyno eich ymddiswyddiad yn eich gweithle

1. Holwch eich hun ynglŷn â'ch agwedd. A ydych yn hollol bositif ac yn sylweddoli hefyd fod posibilrwydd na fyddwch mor gyfoethog yn ariannol ag yr ydych yn barod? Os nad ydych yn credu y gallwch fod yn hapus fel entrepreneur tlawd yna mae'n bosibl na ddylech fentro o gwbl.

2. A ydych wedi cael profiad o gwbl o fewn byd busnes? Mae hyd yn oed gweithio mewn bar pan oeddech yn fyfyriwr neu storio dillad yn Marks & Spencers yn brofiadau perthnasol. Os ydych wedi dechrau busnes eich hun yn rhan amser bydd hyn yn fantais amlwg cyn cychwyn. Yn fy achos i, roeddwn wedi bod yn prynu a gwerthu nwyddau trydan, offer tŷ, clociau a watsys a phob math o bethau eraill.

3. A ydych yn meddu ar ddigon o hunan-gred i fod yn werthwr hyderus? Mae'n rhaid i bob dyn busnes werthu ei gynnyrch ac felly mae'n gorfod gwerthu ei bersonoliaeth. Yn fy achos i eto mae'n debyg mai dyma fy mhrif rinwedd o safbwynt busnes. Roeddwn yn brin o ddawn mewn nifer o feysydd technegol ond mae modd addysgu eich hun i'r cyfeiriad hwnnw os yw'r agwedd gywir gennych.

4. A ydych yn fodlon gofyn am gyngor a chymwynasau gan eraill? A oes gennych ffrindiau neu unigolion sy'n ddigon agos atoch ichi allu gofyn am eu cyngor? Mae eich teulu agosaf yn aml yn gallu bod o gymorth amlwg yn y cyfeiriad hwn. Roedd fy mam

yn estyn cynghorion imi ar hyd ei hoes – a hyd yn oed yn ystod wythnos olaf ei bywyd. Hi oedd y cyswllt pwysig rhwng y busnes a'r cyfrifydd a byddai galwad ffôn ati am ddeg o'r gloch y nos yn aml iawn yn dwyn ffrwyth. Er i'r ddau ohonom ddadlau ac anghytuno, roeddwn bob amser yn gwrando arni a bu ei chynghorion yn gymorth gwastadol i'r busnes. Roedd y busnes yn talu cyflog iddi am ei gwaith gweinyddol ond nid oedd y cyflog o ddim cymhelliad iddi. Yr awydd i fod yn gywir ac effeithiol a threfnus oedd ei phrif gymhelliant dros gynnig ei gwasanaeth.

5. A ydych yn fodlon derbyn hyfforddiant dechreuol? Mae cyrsiau a llyfrau o bob math wedi'u cyhoeddi ynglŷn â chychwyn ar eich liwt eich hun. Dengys tystiolaeth fod llawer ohonynt yn fuddiol a'u bod wedi hyrwyddo ac ysgogi llawer o unigolion. Ugain mlynedd yn ôl roeddynt yn bethau prin ond heddiw mae cyfarfodydd a seminarau yn cael eu cynnal mewn trefi a dinasoedd, ac yn achlysurol mewn pentrefi, a hynny'n aml o dan nawdd y Llywodraeth. Mae llawer ohonynt hefyd wedi'u hanelu at bobl ifanc ond mae rhai ar gyfer pobl o bob oedran ac mae hynny yn bwysig gan fod yr elfennau strwythurol yr un fath i bawb..

Bydd hyfforddiant proffesiynol fel arfer yn canoli sylw ar y meysydd canlynol:

a) Astudio'r farchnad a thargedu cwsmeriaid

b) Astudio a dysgu'r sgiliau sy'n berthnasol i'r busnes yr ydych yn ymgymryd ag o

c) Sut mae dysgu meddwl fel entrepreneur yn hytrach na gweithiwr cyflogedig

ch) Sut mae sefydlu cynlluniau busnes ac adeiladu sylfaen gyfreithiol

d) Sut mae bod ar y blaen i'r rhai sy'n cystadlu yn eich erbyn

Wrth gwrs, mae'r uchod yn ymddangos yn syml a diddorol ac yn sicr mae'n cynnig cynllun syml i'w ystyried i'r sawl sy'n cychwyn, ond i mi mae'n fwy tebygol y bydd y rhan fwyaf o fentergarwyr llwyddiannus yn dechrau heb ganolbwyntio'n systematig ar y materion hyn. Gydag ymroddiad a gwaith caled fe ddaw'r ffactorau uchod i'r amlwg wrth i'r busnes ddechrau datblygu.

Etifeddu busnes ynteu creu busnes o'r newydd?

Mae nifer o bobl wedi dweud wrthyf dros y blynyddoedd eu bod am gychwyn busnes. Fel arfer maent yn llawn brwdfrydedd ac yn edrych ymlaen i'r dyfodol yn llawn awydd ac asbri. Yn amlach na pheidio byddaf yn eu holi ynglŷn â sut fath o fusnes maent am ei greu. Rwyf yn ddyn busneslyd a byddaf yn canfod, wrth sgwrsio ag ambell un, eu bod yn anelu at fod yn berchen busnes a fydd, maes o law, yn rheoli ei hunan ac yn rhoi digon o elw i'w berchennog allu sefyll yn ôl a byw oddi ar yr elw mae'n ei gynhyrchu. Byddant hefyd yn datgan ambell dro eu bod yn gobeithio gallu treulio mwy o amser gyda'u teuluoedd. Gwaetha'r modd mae hyn yn awgrymu i mi nad yw'r bobl hyn yn 'entrepreneuriaid' yng ngwir ysbryd y gair oherwydd, yn y pen draw, maent yn chwilio am fusnes sydd eisoes wedi sefydlu ei hun.

Etifeddu busnes sydd wedi ei sefydlu yw hyn. Gall weithio'n wych mewn ambell achos ond cadarnhau'r hyn sydd yno'n barod fydd rôl y perchennog newydd nid mentro i greu ac ehangu. Wrth gwrs, mae modd prynu busnes bychan neu fusnes sydd wedi dirywio ac yna rhoi bywyd newydd yn ei wythiennau. Mae gwneud hynny mewn busnes bychan (sy'n cyflogi llai na phymtheg o bobl) yn anodd. Mewn busnesau mawr gall hyn weithio'n haws gan fod perchennog newydd y busnes fel arfer yn chwistrellu swm enfawr o arian i mewn i'r busnes. Dyma pam, er enghraifft, mae modd i fusnesau megis siopau bwyd mawrion brynu cwmnïau bychan, cynyddu eu heffeithiolrwydd ac ehangu'r busnes yn gyffredinol.

Does dim byd o'i le mewn adfer a deffro busnesau sy'n dirywio ond mae creu rhywbeth newydd yn fwy cyffrous ac yn galw am ynni aruthrol. Gallwch fod yn ddyn busnes llwyddiannus wrth ymgymryd â'r dasg gyntaf ond mae mwy o her greadigol wrth greu o'r newydd. Mae rhai unigolion yn well am drwsio ac adfer pethau gwael; mae eraill yn well am greu. Rhaid penderfynu wrth ddod yn ddyn busnes pa un yw eich rhagoriaeth chi.

Chwilio am gyngor a gwybodaeth oddi allan wrth gychwyn

Dengys tystiolaeth fod dyn busnes llwyddiannus yn dysgu'n fuan i beidio â cheisio gwneud popeth ei hun. Mae cyngor rhywun profiadol bob amser yn werthfawr – dyna ystyr y dywediad 'gair i gall'! Wrth ddechrau mewn busnes mae digonedd o help i'w gael. Ym Mhrydain bob dydd mae rhwng 7 ac 8 mil o unigolion yn defnyddio'r gwasanaeth a gynigir gan wasanaethau ymgynghorol ar gyfer busnesau bach. Rwyf yn crybwyll y ffynonellau hyn oherwydd y ffaith syml fy mod wedi dysgu amdanynt yn rhy hwyr! Rwyf yn flin gyda mi fy hun am beidio â manteisio ar eu bodolaeth! Hyd y gwelaf mae'r prif gyrff yn cynnwys:-.

1. www.fs4b.wales.gov.uk
Yng Nghymru y pwynt cyswllt cyntaf ar gyfer ymholiad cefnogaeth busnes yw 'Cymorth Hyblyg i Fusnes' (ChiF neu FS4B). Mae Uwchwefan Cymorth Hyblyg i Fusnes Llywodraeth Cynulliad Cymru yn darparu'r cymorth ar-lein mwyaf cynhwysfawr a pherthnasol sydd ar gael i fusnesau yng Nghymru. Mae hwn yn cynnwys cymorth sydd ar gael oddi wrth Lywodraeth Cynulliad Cymru, Llywodraeth y DU (gan gydweithio gyda businesslink.co.uk) a'u partneriaid, mewn un lle, am y tro cyntaf. Mae'r wefan hefyd yn cefnogi darpariaeth ddwyieithog ac o'r herwydd, mae mwy nag erioed o'r blaen o gymorth busnes ar-lein gan y Llywodraeth ar gael yn Gymraeg, a bydd y lefelau hyn yn cynyddu'n sylweddol yn 2010 a thu hwnt.

Mae nifer o Asiantaethau Menter, Lleol a Chenedlaethol, ynghyd â rhai cwmnïau preifat wedi eu cytundebu i ddarparu rhai gwasanaethau ar ran Llywodraeth y Cynulliad ac mae rhain yn cynnwys:

a) Cyngor rhad ac am ddim ar gyfer cwmnïau sy'n dechrau

b) Hyfforddiant ar gyfer cynllunio a llywio busnesau sydd ar gychwyn yn ogystal â hyfforddiant ar gyfer busnesau sydd wedi ymsefydlu

c) Gwybodaeth arbenigol. Gallant eich cyfeirio ar y ffordd gywir mewn strategaethu a chynllunio

ch) Gallant eich cyflwyno i fannau gwaith mewn stadau diwydiannol a hynny ar dermau ariannol rhesymol.

Edrychwch ar safle we Ffederasiwn Genedlaethol yr Asiantaethau: www.nfea.com

2. Ffederasiwn Busnesau Bach: www.fsb.org.uk

Mae ymhell dros 150,000 o aelodau i'r corff hwn ac maent yn uno i amddiffyn hawliau ac iawnderau busnesau bach. Dros y blynyddoedd diwethaf maent wedi delio'n effeithiol â llawer o faterion a phroblemau'n ymwneud â threth a chyflogaeth. Mae ganddynt swyddfeydd yn Llundain, Glasgow, Belfast a Chaerdydd. Mae tâl aelodaeth o fymryn mwy na £100 y flwyddyn i ymuno â'r Ffederasiwn.

3. Fforwm Busnesau Preifat www.fpb.co.uk

Diben pennaf y corff hwn yw dylanwadu ar bolisïau a deddfau sy'n effeithio ar fusnesau preifat. Eto rhaid ymaelodi ond mae'n cynnig llawer o fanteision drwy gyfrwng y gwasanaeth y mae'n ei gynnig.

Y Cynllun Busnes

- Pwrpas Cynllun Busnes

- Patrwm y Cynllun Busnes

- Y camau sy'n dilyn y cynllun

- Diwydrwydd dyledus

- Meddalwedd Cynllun Busnes

- Cyflwyno eich cynllun ar lafar

- Pethau i'w cofio wrth gloi eich cynllun

Pwrpas Cynllun Busnes

Pan ddechreuais fy musnes gwerthu ceir yng Ngaerwen, ar fin yr A5, nid oedd gennyf gynllun busnes. Nid oeddwn yn gwybod beth oedd gwir ystyr y gair ac nid oeddwn wedi ystyried y gallai'r fath beth fod wedi bod o gymorth imi. Efallai'n wir y dylwn bryd hynny fod wedi ystyried yr hen ddywediad 'Cyn dechrau, gwêl y diwedd'! Am ryw reswm roeddwn yn credu mai'r unig beth oedd arnaf ei angen oedd ewyllys gref a gwaith caled. Petawn wedi ymchwilio i werth cynllun busnes credaf erbyn heddiw y buaswn wedi gwneud pethau'n llawer haws i mi fy hun a buaswn wedi sefydlu fy musnes yn fwy trefnus ac yn gynt. Unwaith y byddwch wedi penderfynu eich bod am gychwyn ar eich llwybr eich hun, eisteddwch i lawr a lluniwch eich cynllun. Prif ddiben llunio cynllun busnes yw:

1. Troi syniadau yn weithredoedd dros gyfnod o ddatblygiad ac esblygiad graddol ac amlinellu sut ydych am wneud hynny.

2. Bodloni'r rhai hynny fydd yn estyn cymorth ariannol ichi ar y dechrau. Dangos faint o arian fydd arnoch ei angen i sefydlu eich hun.

3. Gosod amcanion a nodau eich busnes yn drefnus ac yn eglur. Disgrifio eich cynnyrch a'ch gwasanaeth.

4. Crynhoi ac amlinellu beth fydd eich gwerthiant a'ch elw dros y tymor byr a'r tymor hir.

Mae llyfrau cyfan wedi'u hysgrifennu ar gynlluniau busnes. Mae'r rhain yn llawn gwybodaeth ac yn dweud sut mae llenwi holiaduron a ffurflenni o bob lliw a llun, ond os nad oes gennych weledigaeth gychwynnol, nid ydynt o unrhyw werth. Roeddwn i'n ffodus yn y ffaith na fu'n rhaid imi blygu glin o flaen unrhyw reolwr banc gan fy mod wedi cynilo'n raddol ac felly wedi creu carreg sylfaen i'r busnes. Erbyn heddiw mae'n anodd iawn i unrhyw ddarpar entrepreneur allu gwneud hyn ac felly mae'n rhaid iddo gyflwyno ei gynllun busnes i'r banc neu i unrhyw ffynhonnell arall sy'n debygol o allu cynnig cefnogaeth iddo. Unwaith y byddwch wedi cael trefn ar eich cynllun ac yn teimlo eich bod yn gwbl fodlon arno, yna mae'n debygol hefyd y bydd gennych hyder i wynebu'r dyfodol ac i wynebu bob her.

Cewch gyfarwyddyd ar sut i lunio cynllun busnes ar yr amrywiol wefannau sy'n ymwneud â mentrau a busnesau newydd. Mae ymgymryd â'r dasg hon yn gallu bod yn broses ddiflas oherwydd rhaid sicrhau fod y cynllun yn un trwyadl a threfnus a bod popeth perthnasol wedi ei gynnwys ynddo. Bellach mae'r byd yn llawn o waith papur ac nid oes dianc rhagddo. Rhaid i bob entrepreneur sicrhau fod ei waith papur yn gywir wrth ysgrifennu ei gynllun busnes. Wedi cyfnod o sefydlu a chadarnhau eich cynllun busnes, gallwch benodi pobl eraill i'w weithredu ar eich rhan ond ar y dechrau mae'n hanfodol eich bod yn ymgymryd â'r gwaith eich hun. Dyma fformat bras o batrwm y gellid ei ddefnyddio. Bydd llyfrau ac awduron gwahanol yn cynnig amrywiadau o'r patrwm hwn:

Patrwm Cynllun Busnes

1. **Y clawr** – enw a theitl y busnes, cyfeiriad, gwefan a rhifau ffôn a blwyddyn creu'r cynllun busnes. Gellir crynhoi'r wybodaeth yma eto ar yr ail dudalen.

2. Y dudalen nesaf fydd y rhestr **cynnwys**. Pan fyddwch yn prynu llyfr mewn siop lyfrau mae'n debyg eich bod yn darllen y clawr cefn a hefyd yr amlinelliad o'r cynnwys ar y dechrau. Felly mae'r rhan hon yn allweddol bwysig a rhaid iddi grynhoi holl gynnwys eich cynllun yn daclus a deniadol. Rhaid ichi greu blas cyn dechrau.

3. Yn syth ar ôl amlinellu'r cynnwys, byddai'n ddelfrydol cael tudalen neu ddwy yn crynhoi eich sefyllfa bresennol a gobeithion eich cwmni. Dyma felly **grynodeb gweithredol** o'ch busnes. Yn bersonol petawn yn bwriadu ystyried buddsoddi

mewn cwmni, dyma'r rhan y byddwn yn ei ddarllen gyntaf. Rhaid i'r crynodeb gweithredol ddisgrifio eich cynnyrch neu eich gwasanaeth ac egluro eich sefyllfa fasnachol bresennol. Rhaid argyhoeddi'r cwsmer y bydd arno angen eich gwasanaeth. Yma hefyd rhaid crynhoi'r rhagolygon am faint eich gwerthiant a thwf arfaethedig eich elw, drwy ddisgrifio eich amcanion tymor byr a thymor hir. Mae gwneud hyn mewn dwy dudalen yn dipyn o her ond mae ei gynnwys yn hollbwysig.

4. **Manylion ynglŷn â chyfarwyddwyr a rheolwyr y busnes** ynghyd â'u cefndir a'u hanes hyd yma. Dylid cynnwys manylion yma hefyd am sefyllfa gyfreithiol y cwmni a nodi pwy yw cynghorwyr proffesiynol y cwmni.

5. Gellir ehangu ar y pedwerydd pwynt drwy sôn am eich staff presennol (gall hyn fod cyn lleied ag un) ac **awgrymu beth fydd eich anghenion staffio** yn y dyfodol a sut y byddwch yn eu hyfforddi a'u gwobrwyo.

6. Disgrifio eich **cynnyrch a'ch gwasanaethau** yn fanylach ac awgrymu pa gynnyrch neu wasanaeth newydd fydd yn cael ei ystyried yn y dyfodol.

7. **Gweithredu eich busnes**. Disgrifio sut ydych yn bwriadu cynhyrchu a gwasanaethu a sut ydych am sicrhau bod y gweithredu hwn yn cyrraedd y safonau angenrheidiol o safbwynt cynnwys.

8. **Marchnata**

a) **Marchnata i'r cyhoedd yn uniongyrchol**. Dylid cael adran ar farchnata yn disgrifio'r farchnad yr ydych ynddi fel busnes. Mae strategaeth farchnata yn allweddol i bob busnes llwyddiannus a dylid cyfeirio at ddulliau dosbarthu, prisiau, hyrwyddo'r busnes, dulliau gwerthu, lleoliad eich marchnadoedd ac unrhyw fentrau a fydd yn debygol o ddigwydd ar y cyd ag eraill. Gellid dadlau fod cynnwys y cymal hwn yn allweddol o safbwynt darbwyllo benthyciwr i fuddsoddi yn eich busnes.

b) **E-fasnach**. Dylid amlinellu sut y byddwch yn defnyddio'r we i farchnata eich busnes. Dylid dangos sut y bydd eich gwefan yn gyfrwng i brynu i mewn yn ogystal ag i werthu allan a hefyd sut y byddwch yn defnyddio eich safle i hysbysebu eich cwmni ac i ddelio â chwsmeriaid ar ôl gwerthu iddynt.

9. **Arian**. Rhaid amlinellu data a ffeithiau am eich anghenion ariannol. Rhaid egluro am faint o amser y bydd angen y benthyciadau a pham mae angen arian o'r tu allan ar eich busnes. Yn y cymal hwn dylid gosod cerrig milltir a dyddiadau bras i ddangos pa sefyllfa yr ydych yn gobeithio ei chyrraedd erbyn dyddiadau penodol.

10. Mae angen **dangos sut y bydd gennych ddulliau o ddelio â sefyllfaoedd lle bydd risg wedi troi'n fethiant**. Os byddwch yn cyfeirio, dyweder, at ehangu neu ddefnyddio lleoliad busnes newydd, ymhen peth amser rhaid gallu dweud beth fydd eich ail ddewis pe byddech yn methu â chyflawni'r dewis cyntaf. Rhaid awgrymu cyflenwyr fel ail ddewis petai un o'ch prif gyflenwyr yn methu ag ateb eich galwadau a'ch anghenion.

11. Os yw eich cynllun yn ceisio apelio at gwmnïau neu unigolion annibynnol (megis 'angylion busnes' neu 'gyfalafwyr menter' – *venture capitalist*) rhaid ichi fod yn ymwybodol fod y rhain yn mynd i fod eisiau gwybod **pa mor hawdd fyddai tynnu eu buddsoddiad allan o'ch cwmni** a beth yn union fyddai eu helw hwy yn y tymor byr. Rhaid egluro hyn heb gymhlethdod.

Y camau sy'n dilyn y Cynllun

Dyna ni felly! Rydych yn barod i gychwyn. Ewch drwy'r pwyntiau uchod gyda'ch syniad am fusnes neu'r syniad am ehangu eich busnes yn eich meddwl. Dychmygwch eich bod yn ceisio darbwyllo pobl i'ch cefnogi'n ariannol ac wrth wneud hynny holwch eich hun yn feirniadol beth fyddai eich ymateb chi pe byddech yn eistedd yng nghadair y sawl sy'n gwrando. Mewn geiriau eraill, rhowch eich hun yn y *Dragon's Den*. Mae edrych ar raglenni teledu fel y rhaglen honno ambell dro yn gallu bod yn addysgiadol i ddarpar entrepreneur. Wrth astudio wynebau'r 'Dreigiau' gellir gweld pa mor feirniadol ydynt o ddarpar entrepreneuriaid nad ydynt wedi llunio cynllun busnes effeithiol.

Pan fyddwch yn mynd ati i greu eich cynllun, byddwch yn barod i'w ysgrifennu dair neu bedair gwaith. Yn union fel ysgrifennu darn o ryddiaith, mae angen ailedrych ar y cynnwys, yr arddull a'r gystrawen. Rhaid i'r cwbl fod yn ddarllenadwy. Gofynnwch i rywun arall profiadol ei ddarllen a'i gywiro os ydych yn boenus ynglŷn â'i ddiwyg a'i gynnwys cyffredinol. Byddai creu cynllun busnes yn ymarfer da i'w osod i ddisgyblion ysgol a choleg sy'n astudio ieithoedd yn ogystal â'r rhai sy'n astudio busnes oherwydd pwysigrwydd yr elfen greadigol sydd ynghlwm â'r gwaith.

Unwaith y byddwch yn gwbl hapus a bodlon â'ch cynllun busnes, dysgwch ei gynnwys fwy neu lai ar eich cof. Mae unigolyn sy'n hapus â'i weledigaeth yn sicr o gael y cyfle i adrodd ac egluro ei chynnwys. Os byddwch yn sicr o'ch ffeithiau ac yn gallu arddangos hynny yn eich mynegiant, bydd eich cynllun yn llawer mwy tebygol o lwyddo'n ymarferol. Dengys straeon a hunangofiannau entrepreneuriaid fod hyn yn wir. Dyma sut maent wedi llwyddo i ddenu arian a phobl i mewn i'r busnes. Mae'n ddigon posibl fod eich syniad a'ch cynllun busnes yn rhai arbennig o addawol. Os ydych yn credu hynny, gofalwch fod unrhyw ddarpar fuddsoddwr yn gorfod arwyddo cytundeb cyfrinachedd (*confidentiality agreement*) rhag ofn i'ch syniad a'ch cynllun busnes gael eu dwyn neu eu trosglwyddo i gystadleuwyr busnes.

Unwaith y byddwch wedi cyflwyno eich cynllun terfynol i'ch banc, eich benthyciwr neu eich angel busnes rhaid ichi fod yn barod i ddisgwyl am eu hymateb. Gall hynny gymryd deufis ac mae'n debygol y byddant yn ystyried eich sefyllfa a'ch sefydlogrwydd ariannol yn ogystal â'ch agwedd tuag at fusnes yn gyffredinol ac o bosib, ac yn bwysicach fyth, eich gonestrwydd a'ch enw da.

Ni sylweddolais pan oeddwn yn fachgen ifanc pa mor bwysig a dylanwadol yw eich enw da a'ch hunan-gred mewn busnes ac mewn bywyd. Mae llawer o bobl fusnes wedi gwneud eu ffortiwn mewn ffyrdd digon annelwig ac amheus ond mae'r rhain bron bob tro yn cwympo yn y diwedd. Rwyf wedi dweud dro ar ôl tro na ddylai hel a chasglu ffortiwn fod yn flaenoriaeth i'r entrepreneur. Wedi dweud hynny, gall fod yn un o'r manteision moethus a all ddod i ran y sawl sy'n llwyddo. Yr hyn sy'n bwysig yw nad yw dyn busnes yn gadael i'w nodau na'i amcanion gael eu llywio gan chwant am arian.

Wrth ddechrau gweithredu eich cynllun busnes, byddwch yn hapusach â chi eich hun os byddwch wedi ystyried eich agweddau moesol tuag at y gwaith. Os ydych yn ystyried cychwyn busnes sydd o'r un natur â'r maes gwaith rydych eisoes yn gweithio ynddo, yna peidiwch â defnyddio amser eich cyflogwyr i baratoi eich hun ar gyfer eich her newydd. Nid yw hyn yn foesol gywir a byddwch yn teimlo'n euog o wneud hynny. Os byddwch yn ymddiswyddo o'ch gwaith, mae'n llawer brafiach gwybod eich bod yn gadael ar delerau da ac nad yw eich cyflogwyr yn falch eich bod yn mynd. Mae'r cyn-arlywydd Americanaidd Abraham Lincoln (a'i gyndadau'n hanu o Ysbyty Ifan ac ardal Penllyn, y Bala, gyda llaw) yn crynhoi pwysigrwydd cywirdeb a gonestrwydd ym mhob agwedd ar fywyd:

> Pan fyddaf wedi gollwng awenau grym y weinyddiaeth hon, hyd yn oed os byddaf wedi colli pob cyfaill arall ar y ddaear, dymunaf un peth, sef bod gennyf un cyfaill ar ôl a bod y cyfaill hwnnw'n ddwfn y tu mewn imi.

Diwydrwydd dyledus

Erbyn heddiw mae diwydrwydd dyledus (*due diligence*) yn derm pwysig y dylai pob dyn busnes ei ddeall. Mae disgwyl i bob perchennog busnes sicrhau ei fod yn gwneud popeth o fewn ei allu i sicrhau fod ei gynnyrch yn ateb gofynion cyfreithlon ar gyfer y prynwyr. Yn yr un modd, bydd eich banc yn archwilio ac yn arholi eich diwydrwydd dyledus o safbwynt eich haeddiant i dderbyn benthyciad. Bydd adran safonau masnach gwasanaeth cwsmeriaid eich llywodraeth leol hefyd yn disgwyl ichi ateb gofynion diwydrwydd dyledus. O'i fabwysiadu mewn dull syml mae'r diwydrwydd dyledus yn golygu cymryd bob cam posibl i fod yn gywir, yn onest ac yn atebol i'r cyhoedd ac i ddarpar gwsmeriaid eich busnes.

Defnyddio meddalwedd Cynllun Busnes

Mae modd defnyddio rhaglenni cyfrifiadurol – ac mae nifer fawr ohonynt – i gael cymorth a chanllaw i'ch cynllun busnes. Rwyf wedi edrych ar rai ohonynt ac maent i gyd yn drefnus a deniadol eu gwedd ond ni allaf lai na theimlo bod dibynnu ar bethau fel hyn yn rhoi arddull blastig i'ch cynllun. Mae hyn yr un fath â bardd sy'n or-ddibynnol ar ei odliadur! Gallwch golli'r cyfle i fod yn wreiddiol a chreadigol. Mae meddalwedd fel hyn yn gallu llesteirio'r awen. Dyma ddwy wefan sy'n cael eu defnyddio i'r pwrpas ac sydd, yn ôl pob tystiolaeth, yn boblogaidd dros ben.

1. www.bizplanit.com
2. www.smallbusinessadvice.org.uk

Cyflwyniad llafar i'ch Cynllun

Rwyf yn eithaf hoff o'r gair 'empathi'. Daeth y gair hwn yn ffasiynol dros ugain mlynedd yn ôl pan ddaeth patrymau newydd i feysydd llafur o fewn cwricwlwm disgyblion ysgol. Fel athro hanes daeth empathi yn air pwysig i'w ddeall ac i'w gyflwyno. Nid anelu at gydymdeimlo fyddwch chi drwy empathi, ond anelu at fynd o dan groen ac i mewn i feddylfryd unigolyn arall. Os oes arnoch eisiau argyhoeddi rhywun i'ch cefnogi neu i roi benthyciad ariannol i chi, rhaid ichi geisio deall a sylweddoli sut yn union y bydd y gwrandawr yn meddwl. Bydd eich cyflwyniad yn allweddol. Ni fyddwn yn llwyddo i ennill cefnogaeth oni bai eich bod yn eich cyflwyno eich hun yn drefnus, yn daclus ac yn drwsiadus. Rhaid ichi ddangos eich bod wedi trwytho eich hun yn eich maes a rhaid ichi allu dangos empathi llwyr gyda'r sawl sy'n gwrando arnoch os ydych am gael unrhyw obaith ymarferol o ennill eu cefnogaeth.

Cyfaddefais ar ddechrau'r bennod hon na fu imi erioed ysgrifennu cynllun busnes, ond ar ôl astudio cynlluniau diweddar ac ar ôl pwyso a mesur sut y mae modd eu defnyddio'n adeiladol, gallaf ddweud fy mod i wedi gweithredu cynllun busnes yn ddiarwybod i mi fy hun. Yn fy meddwl, drwy gydol yr amser, bûm yn gweithredu gam wrth gam, ac rwy'n credu bellach fy mod i wedi gwireddu prif amcanion y cynllun i bob pwrpas. Mae cynllun busnes trefnus ac effeithiol yn sicr o fod yn fuddiol i fusnes, i benaethiaid ac i bawb arall sy'n ymwneud â'r busnes hwnnw.

Mae eich arddull bersonol gyffredinol yn allweddol wrth ichi gyflwyno eich cynllun i ddarpar fuddsoddwr. Rhaid ichi greu argraff ar y sawl sy'n gwrando arnoch. Os ydych yn disgwyl i unrhyw un roi benthyciad ariannol i chi, yna rhaid ichi ddangos parch tuag at yr unigolyn hwnnw drwy wisgo'n addas ar gyfer yr achlysur. Gall gwisg drwsiadus ychwanegu at eich hunanhyder. Edrychwch arnoch eich hun mewn drych ac efallai y bydd hynny'n ychwanegu at eich penderfyniad i geisio darbwyllo buddsoddwyr i'ch cefnogi. Os ydych wedi bod drwy'r profiad o gael eich cyfweld am swydd (mae'r mwyafrif ohonom wedi gwneud hyn), tynnwch oddi ar y profiad hwnnw. Efallai bod ambell gamgymeriad ar eich rhan yn aros yn fyw yn y cof. Dyma gyfle felly i gywiro'r camgymeriadau hynny.

Mae angen gonestrwydd pur wrth gyflwyno cynllun buses. Rhaid i unrhyw ffigyrau sy'n cael eu cyflwyno fod yn berffaith gywir. Bydd y sawl sy'n eich cyfweld yn debygol o gwestiynu eich ystadegau. Os daw'n amlwg eich bod yn camarwain, yna gall yr holl gynllun busnes gwympo yn y fan a'r lle, oherwydd byddwch yn ymddangos fel rhywun sydd heb wneud ei waith cartref yn drwyadl. Byddai'n fuddiol felly ichi ymarfer eich cyflwyniad. Gallwch ofyn i aelodau o'ch teulu a'ch ffrindiau wrando arnoch, gan ofyn hefyd iddynt am sylwadau beirniadol adeiladol a gonest. Does dim byd mwy proffidiol nag eistedd o gwmpas bwrdd yn trafod syniadau. Dyma sut y mae gwella a pherffeithio polisïau. Mae gwleidyddion da yn datrys problemau o gwmpas y bwrdd. Gall pobl mewn busnes wneud yr un fath ac fe allent lunio polisïau effeithiol at y dyfodol.

Yn ystod y broses o gyflwyno'r cynllun busnes ar lafar rhaid bod yn ymwybodol o bwysigrwydd personoliaethau. Mae buddsoddwyr yn hoffi cydweithio ag unigolion sydd â phersonoliaeth ddeniadol. Mae enghreifftiau wrth gwrs o bobl fusnes llwyddiannus sy'n bersonoliaethau amhoblogaidd a hyd yn oed anghynnes. Mae modd dod dros yr anhawster hwn os yw'r syniad a'r cynllun yn gryf, ond ar y cyfan mae pawb yn fwy parod i gydweithio â chymeriadau hoffus a chynnes. Wrth ddod i adnabod unigolion, ar y cyfan, mae'r argraff gyntaf yn amlach na pheidio yn rhoi darlun eithaf cywir o'r bersonoliaeth yn ei chyflawnder.

Pethau i'w cofio wrth gloi eich Cynllun

Gall eich holl ymdrechion droi'n aflwyddiant. Gall popeth ymddangos yn drefnus a chywir ond mae'n bosib y byddwch yn cael eich gwrthod ar y funud olaf gan y sawl yr oeddech wedi rhoi eich ffydd ynddo. Efallai y bydd nifer o fanciau a nifer o ddarpar bartneriaid busnes yn gwrthod eich cefnogi ac felly bydd yn rhaid ichi ddelio â'r teimlad o fod yn wrthodedig. Un o wendidau mwyaf dyn yw ei barodrwydd i ildio. Rhaid felly bod yn barod i wynebu methiant gyda phenderfyniad. Dyma ddywedodd y darganfyddwr Americanaidd, Thomas Edison, yn ystod dauddegau'r ganrif ddiwethaf wrth ystyried ei ymdrechion di-baid yn ei labordy: 'Y ffordd fwyaf sicr tuag at lwyddiant yw gwneud ymdrech un waith eto.'

Ceir dywediad Bwdhaidd cyffredin sy'n ategu geiriau Edison: 'Os ydym yn wynebu i'r cyfeiriad cywir, yr unig beth sydd arnom angen ei wneud yw dal ati i gerdded.'

Os byddwch wedi llwyddo i ennill y gefnogaeth angenrheidiol, yna fe ddylech ystyried yn union beth sy'n rhaid ichi ei wneud nesaf. Os yw eich cefnogwyr yn ymddiried ynoch, yna rhaid penderfynu pa lwybr yr ydych am ei ddilyn yn ystod cyfnod cynnar sefydlu'r busnes. Os oes rhywun wedi buddsoddi arian yn eich menter, mae'n rhaid ichi drin y buddsoddiad â dyledus barch. Mae'r buddsoddwr mor bwysig os nad yn bwysicach na chwsmeriaid eich busnes. Rhaid bod yn hollol onest ac agored gyda'r buddsoddwr ac mae'n talu ichi gadw pob un o'ch cefnogwyr a'ch buddsoddwyr yn hapus drwy anfon gwybodaeth iddynt ynglŷn â sefyllfa a datblygiadau o fewn y busnes. Os byddant yn darganfod gwybodaeth negyddol am y busnes cyn i chi eich hun ddweud wrthynt, gall hynny ddinistrio'r berthynas rhyngoch. Mae'r un peth yn wir o safbwynt y berthynas rhwng y partneriaid bywyd, ffrindiau cymdeithasol a pherthnasau teuluol.

O fewn fy musnes ceir ail-law personol i, daw problemau cyson i'r wyneb ar ôl y gwerthu. Os oes nam neu wendid ar gar sydd wedi'i werthu mae'n bolisi gennym i geisio cysylltu â'r cwsmer i ddweud wrtho beth yn union fydd y cam nesaf yn yr ymdrech i geisio datrys y broblem. Rhaid bod yn ofalus rhag addo gormod. Mae gwneud addewid a pheidio â'i wireddu yn arwain at amheuon o fewn perthynas. Unwaith y mae rhywun yn cael ei siomi gan un y mae wedi ymddiried ynddo, mae'n anodd wedyn ail-greu'r cwlwm cryf oedd yn bodoli cyn hynny. Mae'r gair 'perthynas' yn allweddol bwysig mewn busnes. Mae'n un o'r conglfeini pwysicaf wrth geisio adeiladu eich llwyddiant. Wrth weithredu ein cynlluniau dylem bob amser gofio pwysigrwydd y ffactor hon.

Creu eich lwc

- Cyflwyno'r syniad o lwyddiant

- Y gallu i ddyfalbarhau

- Y gallu i reoli sefyllfa

- Y gallu i fod yn graff

- Y gallu i ddefnyddio grym eich personoliaeth ac i reoli eich risg

- Y gallu i gymdeithasoli o fewn rhwydweithiau

Creu eich lwc

> Ni all unrhyw beth atal dyn sydd ag agwedd feddyliol gywir
> rhag cyrraedd ei nod.
>
> Thomas Jefferson
> (Arlywydd Americanaidd o dras Cymreig)

Cyhoeddwyd llawer iawn o lyfrau gyda'r bwriad o hybu llwyddiant o fewn bywyd ac o fewn busnes. Cyn dechrau ysgrifennu'r llyfr hwn treuliais gryn dipyn o amser yn ymchwilio a chwilota drwy bob math o ffynonellau. Roedd y mwyafrif ohonynt yn ffynonellau difyr a darllenadwy ond o gymharu eu hamcanion gyda fy amcanion personol fy hun, nid oeddwn bob amser yn gallu uniaethu â rhannau o'r cynnwys. Nid oedd y llyfrau hyn yn cynnig canllawiau a fyddai bob amser yn berthnasol i unigolion sy'n byw yng Nghymru ac mewn ardaloedd llai dwys eu poblogaeth. Yn bendant, nid oedd y mwyafrif yn ystyried y problemau sy'n gallu codi mewn gwlad fechan ddwyieithog ac yn amlach na pheidio roeddwn yn teimlo fod y cynnwys yn fwy addas i bobl mewn trefi a dinasoedd poblog.

Mae'r pwyslais o fewn cyhoeddiadau Saesneg yn tueddu i osod y flaenoriaeth ar ragoriaethau'r gymdeithas fodern yn Lloegr a'r Taleithiau Unedig. Ni allaf lai na theimlo bod meddylfryd hunangyfiawn Eingl-Americanaidd wedi meddiannu meddyliau llawer o'r awduron hyn.

Os ydych yn unigolyn uchelgeisiol, mae'n rhaid cyfuno egwyddorion personol a'r awydd am lwyddiant. Mae bod yn Gymro cydwybodol a bod yn llwyddiannus mewn bywyd a busnes yn dipyn o sialens. Wrth imi fynd yn hŷn, rydw i wedi profi pa mor anodd y gall hyn fod. Ers imi droi'r hanner cant, rydw i wedi dod yn fwy ymwybodol o'r her y mae'r sefyllfa hon yn ei chynnig.

Dros y blynyddoedd mae'n debyg bod ambell gyfaill neu gydweithiwr wedi troi atoch a'ch canmol am gyflawni rhywbeth yn effeithiol ac yn drylwyr. Mae'n debyg eich bod chwithau wedi ymateb gyda brawddegau fel hyn: 'Wel, mi aeth pethau o 'mhlaid

... ' neu 'Mi fues i'n lwcus iawn ... '

Wrth ddarllen llyfrau ac ysgrifau ar wahanol ffyrdd o greu llwyddiant fe ddaw'n amlwg i mi nad yw'r ymatebion hyn yn gywir nac yn deg. Cywirach a mwy gonest yn amlach na pheidio fyddai ymateb drwy ddweud: 'Wel, mi lwyddais i greu fy lwc drwy ...'

Mae llawer o lyfrau Saesneg ar gael sy'n amlinellu a chynnig dulliau defnyddiol o fynd ati i reoli cwrs eich bywyd. Mae hunangofiannau gwleidyddion a dynion busnes llwyddiannus yn cynnig canllawiau tebyg. Wrth ddarllen llyfrau o'r fath fe welir bod patrymau cyffredin yn ymddangos a bod yr un nodweddion a rhinweddau yn amlygu eu hunain mewn unigolion llwyddiannus ar draws y byd.

Gall pawb ddysgu drwy ddadansoddi bywydau unigolion llwyddiannus a dyma yw prif ddiben y bennod hon. Petaech yn astudio hanes rhai o ddarganfyddwyr, arweinwyr ac arloeswyr y gymdeithas fodern a rhai o entrepreneuriaid amlycaf y byd mae'n bosib dod i'r casgliad syml na fu unrhyw un ohonynt yn lwcus. Creu eu lwc eu hunain a wnaethant a hynny drwy ganolbwyntio'n llwyr ar nifer o ffactorau. Efallai'n wir nad oeddynt yn dadansoddi eu seicoleg eu hunain o dan benawdau ond mae modd deall eu llwyddiant drwy astudio'r dulliau a ddefnyddiwyd ganddynt i greu eu llwyddiant.

Nid yw unigolion llwyddiannus bob amser yn ymwybodol o'r trywydd y maent wedi ei ddilyn ond mae'n amlwg eu bod wedi meithrin sgiliau unigol a dyma sydd wedi eu galluogi i gyrraedd eu hamcanion.

A ellir rhannu llwyddiant o dan benawdau gwahanol?

Yn ôl rhai awduron mae modd rhannu llwyddiant i gymaint ag ugain o is agweddau a theitlau. Yn y bennod hon rydw i am geisio rhannu'r syniad o greu lwc a chreu llwyddiant o dan bump o benawdau. Efallai y credwch fod yma ymdrech i orsymleiddio'r broses o lwyddo ond mi geisiaf eich argyhoeddi i'r gwrthwyneb.

Cyn mynd ati i fanylu ar y penawdau hyn byddai'n fuddiol ceisio crynhoi ystyr y gair 'llwyddiant'. Gall olygu pethau gwahanol i bobl wahanol. Mae'n ddibynnol ar eich nod a'ch amcan mewn bywyd.

Y gyfrinach o sut i lwyddo mewn bywyd yw bod yn barod am y cyfle pan mae'n dod.

Benjamin Disraeli (Prif Weinidog)

Efallai eich bod yn anelu at y nod o adeiladu ymerodraeth ariannol i chi eich hun ond efallai eich bod yn anelu at y nod o gael harmoni o fewn eich bywyd personol. Mae'n bosib dadlau bod llwyddiant yn gyfuniad o'r ddwy nod hyn. Mae cadw cydbwysedd rhwng bywyd a gwaith yn her enfawr ac mae modd rheoli'r ffordd yr ydych am geisio gwneud hynny drwy ganolbwyntio ar y pum pennawd y byddaf yn eu trafod yma. Dyma felly'r pum sgil neu 'allu' y mae arnoch angen eu meistroli:

1. **Y gallu i ddyfalbarhau** ac i wthio eich hun i'r cyfeiriad cywir

2. **Y gallu i reoli sefyllfaoedd** a chreu eich llwyddiant drwy ddefnyddio eich syniadau a'ch penderfyniad eich hun

3. **Y gallu i reoli risg a bod yn graff** – trwy hyn gallwch wneud i bethau fynd o'ch plaid

4. **Y gallu i ddefnyddio eich grym eich hun** drwy bwyso ar eich ymwybyddiaeth, eich synhwyrau a'ch barn

5. **Y gallu i ddefnyddio eich profiad cymdeithasol** i wneud i bobl eich edmygu a hynny ar sail eich edmygedd chi tuag atynt hwy

Y gallu i ddyfalbarhau

Os ydych yn dymuno llwyddiant mewn bywyd gwnewch ddyfalbarhad yn ffrind mynwesol.

– Joseph Adison
(awdur Saesneg ar ddechrau'r ganrif ddiwethaf)

Mae'r gallu i ddyfalbarhau yn dibynnu ar gynnal eich brwdfrydedd; mae'n dibynnu ar amynedd ac ar yr ewyllys i gario ymlaen, hyd yn oed pan fydd bywyd yn eich erbyn. Os dilynwch hanes unrhyw entrepreneur llwyddiannus, mae'n debygol y byddwch yn darganfod eu bod wedi dyfalbarhau am gyfnodau maith. Mae hanes Edison yn creu'r defnydd cyntaf o fylbiau golau trydan yn Efrog Newydd yn brawf eglur o hynny. Enillodd James Dyson enwogrwydd byd-eang am ddarganfod sugnwr llwch (vacuum cleaner) heb fag o gwbl ynddo. Ychydig o sylw a gaiff y ffaith ei fod wedi creu dros 5000 o brototeipiau cyn llwyddo i gyrraedd ei nod.

Mae'n wir dweud bod llawer wedi dyfalbarhau i geisio gwireddu breuddwyd ac wedi bod yn aflwyddiannus ond os ydych yn cyfuno dyfalbarhad gydag asesiad risg a dibynnu ar eich synnwyr mewnol, yna mae gennych siawns dda o lwyddo. Os ydych yn ansicr ynglŷn â'ch gallu i ddyfalbarhau, gosodwch brawf ysgrifenedig i chi eich hun. Gofynnwch i chi eich hun a oes pethau yn eich meddiant na fu ichi lwyddo i wneud llawn ddefnydd ohonynt. Mae bob un ohonom yn meddu ar y pethau hyn ond os canfyddwch fod gennych restr hirfaith, yna mae arnoch angen newid eich sustem oherwydd rydych yn dioddef o ddiffyg dyfalbarhad! Dyma enghreifftiau i'w hystyried:

Oes gennych lyfrau ar hanner eu darllen?
Oes gennych glybiau golff heb eu defnyddio?
Oes gennych focs twls sy'n rhydu?
Oes gennych ddyddiaduron sy'n wag ar ôl ychydig fisoedd?
Oes gennych feic sy'n segur ers misoedd?
Oes gennych offerynnau cerddorol sydd prin wedi cael eu defnyddio?

Os oes yna batrwm yn dechrau datblygu mae'n rhaid ichi newid agwedd. Mewn busnes, bydd angen dyfalbarhad cyson ac arhosol. Rhaid meithrin ymroddiad er mwyn dysgu gweithio'n galed am gyfnodau hir. Ceisiwch gael pobl sy'n meddu ar y rhinweddau hyn o'ch cwmpas os ydych yn amheus o'ch gallu i ddyfalbarhau. Bydd pobl sy'n dyfalbarhau yn sicr o'ch hybu i wneud yr un modd a bydd hynny'n hyrwyddo eich dyfodol.

Mae'r teimlad y byddwn yn ei gael wrth orffen tasg yn llwyddiannus yn un o'r teimladau gorau y gall rhywun ei gael yn ystod ei fywyd. Mae'n creu bodlonrwydd a hapusrwydd.

Er mwyn darbwyllo eich hun i ddyfalbarhau, ewch ati i greu darlun eglur yn eich meddwl. Os ydych eisiau bod yn hunan-gyflogedig fel pensaer, dychmygwch eich swyddfa a'ch desgiau; dychmygwch y cynlluniau sydd ar y cyfrifiaduron; dychmygwch y bobl sy'n gweithio o'ch cwmpas. Ceisiwch weld y darlun gorffenedig ond cadwch mewn cof fod yn rhaid cael y gallu i ddyfalbarhau er mwyn creu'r darlun cyflawn.

Un o'r dynion mwyaf rhyfeddol yn hanes creu Prydain ddiwydiannol fodern oedd Thomas Telford. Mab i fugail ydoedd a daeth yn saer maen cyn dod yn gynllunydd camlesi a ffyrdd. Roedd yn dal i weithio a dyfalbarhau ar brosiectau tan ei farwolaeth yn 77 mlwydd oed yn 1834. Gwnaeth Telford yn siŵr fod tîm o ddynion amyneddgar a gweithgar o'i gwmpas. Roedd y brodyr Provis a dynion fel Thomas Evans o Drefnant yn dirprwyo gwaith adeiladu'r A5 rhwng y Waun a Chaergybi. Roedd y nafis Cymreig (meibion cefn gwlad gogledd Cymru) yn ymroi i'w alwadau a rhyngddynt crëwyd rhwydwaith a oedd yn greadigaeth wyrthiol yn ei amser. Er nad fel gŵr busnes y creodd Telford ei gampweithiau, mae ei fywyd yn esiampl ac yn batrwm i unrhyw entrepreneur uchelgeisiol modern.

Y gallu i reoli sefyllfa er mwyn creu llwyddiant

Dyma ddywedodd Albert Einstein (nid yw'r dywediad cystal o'i gyfieithu felly rwyf wedi'i adael yn y Saesneg):

> *The man who makes a success of an important venture never waits for the crowd. He strikes out for himself. It takes nerve, it takes a great lot of grit; but the man that succeeds has both.*

Mae'n hawdd gadael i amgylchiadau eich rheoli ond mae athronwyr yn dadlau fod modd ichi reoli eich bywyd oddi mewn i'ch hunan. Faint o weithiau fyddwn ni'n defnyddio datganiadau negyddol er mwyn esgusodi methiant? Dyma enghreifftiau rydw i wedi eu defnyddio:

> Pe taswn i wedi rhoi'r gorau i'm swydd fel athro yn gynt mi faswn wedi llwyddo'n well mewn busnes.
> Pe taswn i wedi prynu mwy o eiddo yn ystod yr wythdegau mi faswn wedi creu mwy o gyfalaf i'w ddefnyddio yn fy musnes.
> Pe taswn i wedi gweithio llai dros yr ugain mlynedd diwethaf mi faswn wedi gweld mwy ar y byd.

Mae llu o esgusodion fel hyn gan bob un ohonom ond mae'r gallu gennym i gyd i newid sefyllfaoedd. Nid ffawd neu lwc sy'n creu sefyllfa ond rheolaeth bersonol. Mewn busnes rydw i wedi dysgu'n raddol fod hyn yn hollol wir, ond ni chefais fy addysgu am hyn yn ystod fy ieuenctid. Er cymaint fy hoffter o astudio hanes a hanes Cymru, nid oedd haneswyr ac awduron yn dehongli hanes drwy ddefnyddio geiriau fel rheolaeth, craffter, dyfalbarhad a menter. Yn ddiweddar, wrth ddarllen ac wrth edrych yn ôl ar fy mhrofiadau personol, rydw i'n gweld pethau'n fwy eglur. Bechod na faswn i wedi deall hyn ynghynt.

Wrth gwrs mae llawer o ddigwyddiadau na allwn eu rheoli, megis salwch, damweiniau, lladrad, y tywydd a marwolaeth. Ond wedi dweud hyn mae yna ddulliau o reoli ein hymateb i'r digwyddiadau hyn. Os oes, dyweder, storm o fellt yn torri cyflenwad trydan eich gweithdy am chwe awr, yna gall hyn olygu nad yw eich gweithwyr yn gallu parhau â'u gwaith. Gall hynny olygu colled ariannol sylweddol gan fod y rhan fwyaf o'r gwaith a gyflawnir mewn gweithdai modern yn llwyr ddibynnol ar ddefnyddio trydan. Sut bynnag, os oes gennych gynlluniau wedi eu paratoi o flaen llaw, dylech allu meddwl am waith arall sy'n gallu llenwi amserlen eich gweithwyr. Mae'r dewis gennym i wneud neu i beidio – mewn geiriau eraill, rhaid inni fod o gymorth i ni ein hunain. Rydw i'n hoff o 'sgwennu (er nad ydw i'n 'sgwennwr da) ond rydw i wedi methu creu'r amser dros y blynyddoedd i wneud hynny. Roedd y dewis gennyf mewn gwirionedd ond roeddwn yn creu esgusion a thrwy hynny'n methu rheoli'r sefyllfa. Roeddwn i bob amser yn beio amgylchiadau, ond am y tro o leiaf rydw i'n llwyddo i reoli'r sefyllfa.

Wrth feddwl am sefyllfaoedd o flaen llaw ac wrth feddwl am ein defnydd o eiriau mewn sefyllfa lle gall sgwrs arwain at ffrae neu densiwn, yna byddwn yn debygol o reoli'r sefyllfa'n well. Wrth wneud hynny mae hyder yn cynyddu ac mae bywyd a busnes yn dod yn fwy ffyniannus.

Rheoli risg a bod yn graff

> Mae'r cyhoedd yn edmygu dyn sydd â digon o hyder ynddo'i hun i gymryd ei gyfle.
>
> Albert Einstein

Nid pawb sy'n hoffi cymryd risg. Fel arfer mae'r math o unigolyn sy'n barod i fentro cymryd risg yn unigolyn hyderus. Mae pob math o risgiau yn bodoli mewn bywyd ac mae'r gallu i reoli ac ystyried graddfa'r risg yn allweddol i ddyfodol bob un ohonom. Mae mynd ar gefn beic, neidio dros wal neu roi benthyciad ariannol i rywun yn enghreifftiau syml o'r mathau o risg mae pawb yn ymgymryd â hwy. Os ydych am fod yn llwyddiannus mewn bywyd neu fusnes, mae'n rhaid ichi fod yn barod i fentro dros y llinell goch weithiau. Mae pawb yn hoffi wynebu elfennau annisgwyl yn eu bywyd a symud allan o'r gadair freichiau ambell dro. Dengys ystadegau fod ar 70% ohonom angen yr elfen hon o fenter i roi sbarc inni ac i hybu ein gyrfaoedd. Dywed llawer o entrepreneuriaid llwyddiannus eu bod yn neidio i'r pen dwfn heb feddwl gormod am y peth o flaen llaw. Cymerwn y sefyllfa hon. Mae pump o ddynion yn sefyll ar ben clogwyn uwchlaw'r môr. Mae pedwar ohonynt yn penderfynu neidio i'r dŵr. Faint ohonynt sydd ar ôl ar y clogwyn?

Gall yr ateb fod yn un, dau, tri, pedwar neu bump. Ar ôl penderfynu mae'n rhaid gweithredu ac mae'n bosib fod pob un wedi ymatal ar y funud olaf oherwydd gormodedd y risg. Mae unigolion sy'n dda mewn chwaraeon yn aml iawn yn barod i gymryd risg. Slogan cwmni Nike yw *'Just do it'*. Ond nid yw pethau mor syml â hyn oherwydd mae'n rhaid defnyddio craffter ac edrych ar ganlyniadau posibl er mwyn gallu rheoli'r risg. Os yw dyn busnes yn ystyried prynu defnyddiau ar gyfer unrhyw agwedd greadigol o fewn ei fusnes, yna mae'n rhaid iddo ystyried faint sydd arno'i angen, maint y gost, defnyddioldeb ac elw posibl. Golyga hyn ei fod yn gorfod rheoli risg drwy ddefnyddio craffter.

Oddi mewn i'r muriau sy'n ein gwarchod mae modd cymryd dwsinau o wahanol fathau o risg. Drwy ddarllen a hefyd drwy ystyried fy mhrofiad fy hun, deuthum i'r casgliad bod tri phrif faes lle mae'n rhaid ystyried a rheoli risg yn ofalus iawn.

1. Ni ddylai unrhyw un sydd am ddechrau menter newydd wneud hynny mewn maes **lle nad oes ganddo brofiad ynddo neu wybodaeth amdano**. Nid yw'r man gwyn fan draw mor hawdd i'w gyrraedd a hynny. Mae llwyddiant mewn unrhyw fusnes yn dibynnu ar wybodaeth am y farchnad a rhaid cynnal a chryfhau'r wybodaeth hon o'r dechreuad er mwyn gallu cystadlu yn erbyn eich gwrthwynebwyr. Gofynnwch i chi eich hun a yw'r bobl busnes hynny rydych chi'n eu hadnabod wedi dod yn llwyddiannus mewn meysydd oedd yn hollol estron iddynt. Boed yn dechnoleg, yn gelf, yn fyd amaeth, yn gynhyrchiol, mae'n debyg iawn fod perchennog busnes llwyddiannus wedi bwrw prentisiaeth cyn cychwyn. Roeddwn i wedi fy magu ym myd ceir a bu hynny'n fantais fawr. Felly roedd y risg wedi ei rheoli.

2. Mae **mentro arian** yn risg sydd angen ei rheoli. Nid gamblwr yw entrepreneur. Ni ddylid gwario gormod o gyfalaf yn ystod y dyddiau cynnar. Rhaid i'r risg gael ei chyfrifo'n ofalus a rhaid osgoi rhoi'r wyau i gyd yn yr un fasged. Mae'n llawer saffach adeiladu sylfaen gyfalafol cyn neidio i mewn i'r pen dwfn. Os ydych am lwyddo, ceisiwch sicrhau fod gennych arian i dalu am o leiaf 20% o'ch stoc cychwynnol. Gall hyn sicrhau fod unrhyw risg o fenthyca'r 80% arall yn risg saffach. Aeth llawer o fentrau'n fethdalwyr am na chadwyd at y rheol hon.

3. **Ni ddylid mentro'n syth i herio busnesau sydd wedi hen ymsefydlu** heb ystyried a rheoli'r risg. Mae pocedi dwfn gan fusnesau ac unigolion sydd wedi bod yn gweithredu ers blynyddoedd. Mae stori'r diweddar Freddi Laker yn cadarnhau hynny mewn ffordd syml ac mae modd i unigolion a busnesau bach ddysgu o'i gamgymeriad ef. Roedd yn ŵr hawddgar a brwdfrydig ond 'doedd ganddo mo'r cyfalaf na'r grym i sefyll yn erbyn y cwmnïau mawr (megis British Airways). Mae rhai cwmnïau awyrennau wedi llwyddo, megis Virgin ac Easyjet ond dylid cofio fod y rhain wedi ymuno â'r farchnad gyda miliynau o bunnoedd wrth gefn ar y dechrau, ac wedi manteisio ar ddulliau newydd megis marchnata a gwerthu tocynnau dros y we. Mae risgio heb sylfaen gref yn ffolineb ac mae'n rhaid asesu a rheoli pob agwedd ar y risg.

Os ydych yn rheoli busnes a hwnnw'n fusnes sy'n datblygu fe fyddwch yn rhoi'r cyfrifoldeb o gymryd ambell i risg ar ysgwyddau aelodau o'ch staff. Gall eich dirprwyon wneud camgymeriadau ond mae'n rhaid dysgu peidio ag ymateb yn rhy llym tuag atynt pan fydd hyn yn digwydd. Os na fedrwch ddysgu caniatáu iddynt gael dipyn o raff a phenrhyddid yna byddwch yn y pen draw yn gosod mwy o straen a chyfrifoldeb arnoch eich hun. Rhaid caniatáu iddynt ddysgu o'u camgymeriadau neu mae'n bosib y byddant yn mynd yn anfodlon ac yn penderfynu chwilio am swydd newydd. Rhaid dangos cydymdeimlad pan fo aelod o'ch staff yn gwneud camgymeriad – bydd hynny'n gam mwy adeiladol. Os ydych yn boenus ynglŷn â'r broses yma, dysgwch fonitro eich staff. Gwnewch yn sicr eich bod chi'n cadw golwg ar eich dirprwyon a bod eich dirprwyon yn cadw golwg ar y rhai oddi tanynt. Dyma yw'r peth craff i'w wneud.

Ynghlwm â'r gallu i reoli risg mae'n rhaid dysgu bod yn *graff*. Gall unigolyn craff droi sefyllfa negyddol yn sefyllfa gadarnhaol. Ambell dro dros y blynyddoedd rydw i wedi bod yn negyddol ac yn feirniadol tuag at y bobl o'm cwmpas. Yn ddiweddar rydw i'n ymdrechu i wrando ar lais bach yn fy mhen sy'n ceisio dweud wrthyf am ymatal rhag bod mor feirniadol. Mewn geiriau eraill rydw i'n ymdrechu i droi'r negyddol yn gadarnhaol. Heddiw gallaf weld y buasai mwy o ganmol wedi arwain at fwy o wên a mwy o hapusrwydd. Mae unigolion craff yn creu ffrindiau nid creu gelynion.

Mae Americanwyr yn esiampl inni o safbwynt creu'r meddwl positif craff. Yn y Taleithiau Unedig mae pobl yn eich cyfarch drwy ddweud *'Have a nice day'* ac mae'r didwylledd yn eu cyfarchiad yn amlwg. Dyma pam mae Efrog Newydd yn llawn gwên a meddyliau positif. Er gwaetha'r pethau negyddol mae Americanwyr yn euog ohonynt mewn rhannau o'r byd, mae dulliau Americanwyr o fod yn gyfeillgar tuag at bawb yn cynhyrchu mwy o effeithiau positif nag o effeithiau negyddol. Dywedodd y gwyddonydd a'r athronydd Albert Einstein mai'r cwestiwn pwysicaf y gall dyn ei ofyn yw 'A yw'r bydysawd yn lle cyfeillgar?' Mae gweld y byd fel lle cyfeillgar yn sicr o fod yn creu agwedd bositif ac yn y pen draw yn ein gwneud i gyd yn graffach.

4. Y gallu i ddefnyddio eich grym mewnol a'ch cryfder eich hun er mwyn creu lwc.

Mae effeithiolrwydd unrhyw sefydliad, boed yn fusnes, yn ysgol, yn ffatri neu'n dîm pêl-droed yn dibynnu ar faint o bwyslais a roddir ar ddefnyddio grym personoliaethau o fewn y sefydliad hwnnw. Mae busnes sy'n edrych i'r dyfodol ac sy'n gobeithio parhau a datblygu yn gorfod buddsoddi amser ac adnoddau i gryfhau'r unigolion sy'n gweithredu o fewn y busnes. Yn yr oes hon lle mae hyfforddwyr ar gael ar gyfer bob agwedd o fywyd mae'n angenrheidiol fod unigolion yn cael eu hyfforddi i ddatblygu eu personoliaeth. Mae personoliaeth bellach yn bwysicach na'r gallu i lwyddo mewn arholiadau ac yn bendant yn fwy dylanwadol wrth i unigolion ddyrchafu eu hunain mewn gyrfa.

Nid lwc yw cael eich breintio â phersonoliaeth a grym mewnol sy'n mynd i fod o gymorth ichi lwyddo mewn busnes a bywyd. Lluniwch holiadur ar eich cyfer eich hunan. Beth am rywbeth fel hyn? Gwnewch restr o unrhyw sylwadau mae pobl, ffrindiau a chydnabod wedi eu gwneud amdanoch. Gall y sylwadau hyn fod wedi eu gwneud yn ystod eich plentyndod, eich ieuenctid ac ymlaen ac ymlaen. I'ch helpu defnyddiwch yr is-deitlau drosodd:

• Eich gallu i drefnu	
• Eich gallu i wrando	
• Eich gallu i fod yn brydlon	
• Eich caredigrwydd personol a chymdeithasol	
• Eich synnwyr cyffredin	
• Eich barn bersonol	
• Eich barn broffesiynol	
• Eich gallu gyda chyfrifiaduron	
• Eich gallu i ddilyn cyfarwyddiadau	
• Eich gallu i gydymdeimlo ac i ddangos empathi	
• Eich gallu i wneud penderfyniad	

Rhowch farciau i chi eich hun allan o 5 am bob un o'r uchod ac yna rhowch y rhestr i rywun yr ydych yn ei adnabod ac yn gallu ymddiried ynddynt i fod yn onest. Gofynnwch iddynt (ac efallai i ddau arall) lenwi'r holiadur a rhoi marciau ichi. Dylai hyn ddysgu llawer iawn ichi. Gorau pa fwyaf o'ch cydnabod fyddai'n llenwi'r holiadur hwn drosoch a gallwch chwithau gynnig gwneud yr un fath iddynt hwythau. Ni all hyn ond datgelu gwirioneddau a allai eich gwneud yn well unigolyn a thrwy hynny eich gwneud yn fwy llwyddiannus mewn bywyd a busnes.

Gall adnabod eich gwendidau eich arwain i gryfhau eich personoliaeth oherwydd gydag ewyllys fe allwn i gyd newid ein hunain er gwell. Wrth gwrs, bydd rhaid i'r newid fod yn un parhaol ac mae'n rhaid cofio a dysgu pa rai yn union oedd y mannau gwan yn y bersonoliaeth.

Y gallu i gymdeithasu/Rhwydweithio cymdeithasol

Ambell dro byddwn yn gofyn i rywun sut a pham y llwyddodd i wneud rhywbeth yn dda – yr ateb a geir yn aml yw 'Roeddwn i yn y lle iawn ar yr amser iawn.'

Mae'r ateb hwn yn arwynebol ac nid yw'n egluro pam y daeth yn llwyddiannus. Dylai'r ateb cywir i'r cwestiwn yn amlach na pheidio lifo fel hyn:

'Mi lwyddais i osod fy hun mewn safle a lleoliad oedd yn cynyddu cyfleoedd ac felly'n agor y drysau i lwyddiant.'

Mae'n ystrydeb dweud fod actorion a phobl enwog yn gyffredinol wedi ymddyrchafu oherwydd eu hadnabyddiaeth o bobl amlwg (yr *'Who you know'* bondigrybwyll). Un elfen yn unig sy'n cyfrannu at eu llwyddiant yw hyn ond ni ddylid dibrisio'r elfen bwysig hon. Yr hyn y dylid ei wneud yw sylweddoli ei bod yn hollbwysig dod i adnabod cynifer o bobl â phosib sy'n weithgar ac yn ddylanwadol o fewn y maes yr ydych yn ceisio bod yn llwyddiannus ynddo.

Mae pob un ohonom yn byw ac yn cymdeithasu mewn rhwydwaith. Mae rhwydwaith ambell un ohonom yn fwy eang nag eraill. Drwy ehangu eich rhwydwaith rydych yn debygol o gynyddu eich gobaith o gyrraedd eich nod. Mae'r rhwydwaith hwn yn blethiad o fywyd a busnes ac mae ymdrechu i gynyddu maint ei arwynebedd yn sicr o arwain at gyflawni pethau newydd.

Mae'r gallu i gymdeithasu yn dibynnu ar eich hyder allanol ond nid yw hynny'n golygu na all rhywun dihyder gymdeithasu. Mae modd i bawb ddysgu sut mae gwneud hynny a phenderfynu ceisio bod yn fwy o anifail cymdeithasol. Dyma restr o rai pethau sy'n rhaid eu cyflawni os am ddod yn unigolyn cymdeithasol. Rydw i'n falch o ddweud mod i'n gallu rhoi tic ar gyfer pob un ohonynt. Pa un a wyf yn eu cyflawni yn y dull mwyaf effeithiol a chywir sy'n fater arall ond mi wn fod gallu rhoi *tic* ar gyfer y canlynol wedi bod yn gymorth mawr i mi mewn busnes a bywyd. Atebwch y cwestiynau hyn amdanoch eich hun:

1. Ydych chi'n gallu eistedd mewn trên neu dacsi a dechrau sgwrsio gyda dieithriaid?

2. Ydych chi'n barod i ffonio pobl nad ydych yn eu hadnabod?

3. Ydych chi'n barod i sgwrsio efo pobl mewn siopau ac arch-farchnadoedd, ffeiriau a marchnadoedd?

4. Ydych chi'n aelod o bwyllgorau megis llywodraethwyr ysgol neu bwyllgor codi arian at achos da?

5. Ydych chi'n gallu dychmygu gwahodd cymdogion i barti neu farbiciw, er nad ydych yn eu hadnabod?

6. Ydych chi'n mynd i eglwys neu gapel?

7. Ydych chi'n barod i anfon nodyn byr ar bapur i rywun am fater cymharol ddi-nod?

8. Ydych chi'n rhoi cerdyn busnes neu rif ffôn i bobl nad ydych yn eu hadnabod yn dda?

9. Ydych chi'n mynychu canolfan hamdden, canolfan ffitrwydd neu bwll nofio? Ydych chi'n sgwrsio gyda phobl pan fyddwch yno?

10. Ydych chi wedi ymwneud â chymdeithas rhieni eich ysgol leol? (Mae hyn yn fwy perthnasol os oes gennych blant).

11. Ydych chi'n sgwrsio â phobl o wahanol wledydd pan fyddwch ar wyliau tramor?

12. Os gwelwch hen ffrind yn cerdded heibio heb sylwi arnoch, ydych chi'n debygol o weiddi arno a dechrau sgwrsio?

Os ydych yn gallu rhoi tic i dros dri chwarter y cwestiynau uchod, rydych yn unigolyn cymdeithasol ac fe ddaw manteision ichi o ganlyniad i hynny. Os ydych yn rhoi *tic* i lai na thri chwarter, yna mae lle am newid.

Cyflogi pobl

- Dechrau cyflogi

- Gweithwyr rhan amser

- Dewis a denu'r gweithiwr cywir

- Dulliau o bwyso a mesur wrth ddewis eich gweithwyr

- Ysgogi a gwobrwyo gweithwyr

- Penodi cyflog ar sail perfformiad

- Penodi maint y cyflog i'w dalu

- Gofynion cyfreithiol

Dechrau cyflogi

Fel pennaeth ar fusnes mae llawer o gyfrifoldebau i'w hwynebu. O'r holl gyfrifoldebau hyn, yr un pwysicaf a mwyaf allweddol yw'r cyfrifoldeb o gyflogi pobl. Os yw'r busnes a'r gweithle'n gyffredinol am weithredu'n llyfn ac yn esmwyth, mae'n rhaid cael cylch o bobl o'ch cwmpas sy'n gallu dirprwyo a threfnu gwaith gan ddilyn y safonau uchaf posib. Mae'n bwysig cyflwyno unigolion i'r busnes sy'n meddu ar dalent, ymroddiad, newydd-deb a charisma. Os ydych mewn busnes ers tymor eithaf hir, efallai bod angen ichi newid eich agwedd tuag at gyflogaeth. Dros y blynyddoedd, clywais lawer o gyflogwyr yn cwyno 'nad oes modd cael y staff' ac nad oes neb yn gallu cyflawni'r gwaith o gydymffurfio â'ch amcanion a'ch safonau chi fel cyflogwr. Erbyn heddiw teimlaf mai agwedd negyddol yw hon, agwedd sydd angen ei newid, yn arbennig felly yng ngorllewin Cymru ac mewn ardaloedd llai poblog.

Drwy gyflogi gweithwyr, mae incwm pob busnes yn debygol iawn o gynyddu. Golyga hyn hefyd fod gan bennaeth y busnes fwy o amser i'w sianelu at faterion sy'n fwy tebygol o ddwyn elw ariannol i'r busnes. Rwyf yn bersonol wedi gwneud gwaith glanhawr, gwaith technegydd a gwaith swyddfa. Petai gen i weithwyr ychwanegol o'm cwmpas, gallwn fod wedi canolbwyntio ar bryniant neu werthiant neu unrhyw ddatblygiad mwy proffidiol i'r busnes.

Gall pob entrepreneur neu reolwr busnes reoli ei amser yn fwy effeithiol drwy ganolbwyntio ar gyflogaeth.

Efallai'n wir fod cyflogi gweithwyr yn anodd i fusnes sy'n cychwyn. Y grefft yw adnabod pryd yn union y daw hi'n angenrheidiol i gyflogi. Teimlaf fod agwedd negyddol ymhlith y Cymry tuag at hyn. Yng nghefn gwlad, gosodir bri yn aml ar y sawl sy'n codi am chwech ac sy'n gweithio tan naw bob dydd, ond a yw gosod bri ar hyn yn adeiladol? Gwrhydri bachgennaidd yw canmol rhywun am wthio ei hun o fewn gwaith. Os oes modd ennill mwy o lwyddiant ac elw a gweithio llai efallai drwy gyflogi mwy o weithwyr, yna onid ffolineb yw peidio â chyflogi gweithwyr? Clywais ffermwyr yn dweud sawl tro (ac mae llawer o'r rhain yn gyfeillion imi) nad oes modd cael 'gweision ffermydd' effeithiol bellach. Efallai bod yr enw 'gwas fferm' yn dangos agwedd negyddol ynddo'i hun a bod angen meddwl am weision ffermydd fel hyrwyddwyr busnes. Does dim dwywaith fod modd gwella trefn marchnata amaethyddiaeth yng Nghymru ac mae angen newid y patrwm cyflogaeth os yw hynny i ddigwydd.

Mae pennaeth cwmni Chrysler yn America, Lee Lacocca, wedi rhoi'r cyngor hwn ar gyfer pawb sy'n dechrau mewn busnes: 'Cychwynnwch gyda phobl dda, gosodwch y rheolau, cyfathrebwch gyda'ch gweithwyr, ysgogwch hwy a gwobrwywch hwy. Os gwnewch y pethau hyn i gyd yn effeithiol ni allwch fethu.'

Yr awgrym yw bod eich gweithwyr yn cynnig yr allwedd i lwyddiant. Drwy gyflogi a gwerthfawrogi'r bobl gywir fe ddaw ffyniant naturiol ym mhob agwedd o'ch busnes. Rhaid creu'r ymdeimlad bod y gweithle fel cartref a bod y gweithlu yn un teulu mawr. Dylid cofio mai busnesau teuluol (yn llythrennol) yw'r rhan fwyaf o fusnesau proffidiol Prydain. Mae 9 miliwn o weithwyr yn cael eu cyflogi mewn busnesau teuluol yn ôl ffigyrau y ffederasiwn busnesau teulu a gyhoeddwyd yn 2008. Yr awgrym felly yw bod llawer i'w ddysgu oddi wrth rinweddau'r sector hon.

Ystyried gweithwyr rhan amser

Os ydych yn amheus o werth cyflogi gweithwyr newydd o fewn eich sefydliad, beth am gyflogi gweithwyr rhan amser? Erbyn heddiw mae cyfran helaeth o weithwyr Gorllewin Ewrop yn cael eu cyflogi'n rhan amser a gellir cael gweithwyr o safon uchel i wneud hyn. Gallant fod yn ddigon cefnog i beidio bod angen gwaith llawn amser neu gallant fod yn weithwyr hŷn sy'n chwilio am weithio taflen amser fyrrach dros gyfnod yr wythnos. Mae hefyd modd cael gweithwyr rhan amser ar gyfer penwythnosau. Mae busnesau siopau a manwerthu yn gorfod dibynnu llawer ar weithwyr penwythnos. Mae cwmnïau eraill angen gweithwyr tymhorol. Os ydych yn gwerthu hufen iâ, ni fyddwch angen gweithwyr llawn amser dros y gaeaf ac os ydych yn gwerthu glo neu danwydd cynhesu tŷ ni fyddwch angen cymaint o staff dros yr haf. Pa fath bynnag o weithwyr y byddwch eu hangen, gwnewch yn sicr eu bod yn ateb eich dibenion a'ch galwadau. Mae'r math o unigolyn fydd yn gweithio o flaen cyfrifiadur yn wahanol iawn i weithiwr fydd yn gweithredu fel gwerthwr ac yn delio â chwsmeriaid wyneb yn wyneb.

Cyn cyflogi mae'n rhaid i chi fel pennaeth y busnes osod swydd-ddisgrifiad eithaf manwl ar gyfer y swydd dan sylw. Waeth heb na gwneud hynny ar ôl penodi neu mae'n bosib na fydd y swydd yn cyflawni'r nod yr oeddech wedi bwriadu iddi ei chyflawni. Bydd rhaid ichi gynnig braslun o'r swydd-ddisgrifiad yn eich hysbyseb. Gallwch hysbysebu swyddi ar y we, mewn cylchgronau, ar daflenni dosbarthu neu ar unrhyw gyfrwng arall ond y gred gyffredinol o hyd yw mai drwy eich papur lleol y cewch hyd i'r gweithiwr mwyaf addas.

Dewis a denu'r gweithiwr cywir

Cyn belled yn ôl â chyfnod y frenhines Elisabeth y Gyntaf roedd rhai awduron ac arweinwyr yn trafod a dehongli busnes. Roedd Syr Walter Raleigh wedi sylweddoli fod arweinydd da a dylanwadol yn sicr o ddenu gweithwyr effeithiol. Sylweddolai hefyd bod arweinydd gwael yn debygol o ddenu gweithwyr anaddas. Dywedodd: 'Mae'r cyflogwr fel arfer yn denu'r gweithwyr mae'n haeddu eu cael.'

Mae angen ichi fod yn gyfaill i'ch gweithwyr ac felly rhaid denu'r math o unigolyn sy'n debygol o fod yn rhywun y gallwch uniaethu ag ef a bod yn ffrind iddo. Efallai bod hyn yn swnio'n sentimental ond does dim dwywaith ei fod yn bolisi gwych. Yn y gweithdy ac yn y swyddfa mae'n rhaid anelu at gael gwên a phleser a hwyl. Ni all pawb fod yn hapus ac yn llawen drwy'r amser ond dyma'r ddelfryd i anelu tuag ati. Dylai pennaeth da sgwrsio gyda'r gweithwyr a dangos gwerthfawrogiad cyson. Nid unwaith yr wythnos y dylid gwneud hyn ond sawl gwaith y dydd, os yw am annog ei weithwyr i gyflawni eu tasgau yn dderbyniol. Mae pawb yn fodlon gweithio am gyflog ond mae'r mwyafrif ohonom yn fodlon rhoi'r mymryn ychwanegol am dderbyn canmoliaeth a chlod. Cofiwch drwy'r amser mai creadur emosiynol yw dyn. Os ydych yn bennaeth ar dros wyth o unigolion yna crwydrwch yn gyson a sgwrsiwch gyda phob un. Pan fyddwch yn ystyried rhywun i'w gyflogi, holwch eich hun a fydd yr unigolyn hwnnw'n ymdoddi'n gymdeithasol gyda'ch gweithwyr presennol ac yn gweddu i ddiwylliant cyffredinol eich busnes. Yn amlach na pheidio bydd rhywun sydd wedi arfer gweithio mewn dull gwahanol i'ch un chi yn gallu creu problem. Gallwch logi asiantaeth gyflogi i fod o gymorth wrth benodi staff ond does neb sy'n fwy addas na chi i ddewis a didol.

Y dulliau o bwyso a mesur eich ymgeiswyr

• Cyfweld eich rhestr fer. Gofyn yr un cwestiynau i bob un ohonynt a chymharu eu hatebion gan ystyried yn ofalus pa ymgeisydd sy'n ateb gofynion eich busnes.

• Gosod prawf ysgrifenedig byr neu brawf drwy feddalwedd cyfrifiadurol. Mae modd defnyddio prawf fel hyn i bwyso a mesur sgiliau deallusrwydd yn ogystal â sgiliau cyfrifiadurol. Gellir eu defnyddio hefyd i ganfod agwedd yr ymgeisydd tuag at eich cwmni a'i obeithion personol ef i'r dyfodol.

• Astudio ffurflenni cais a thystebau gan gyn-gyflogwyr a chyflogwyr presennol yn ogystal â thystebau cyfrinachol gwrthrychol. Unwaith eto bydd tystiolaeth fel hyn yn cario pwysau amlwg wrth ichi ddewis yr ymgeisydd llwyddiannus.

Dyma safle we fuddiol a all fod o gymorth wrth ddewis ymgeisydd am swydd: www.cipd.co.uk (*Chartered Institute of Personnel and Development*). Os yw eich busnes yn un mawr ac yn cyflogi dros bymtheg o weithwyr, yna mae'n bosib y dylech gyflogi asiantaeth recriwtio neu ddirprwyo'r gwaith i un o'ch is-benaethiaid. Rhaid ichi ystyried y gost o drefnu a phenodi aelod newydd i'ch staff o safbwynt arian ac amser ond beth bynnag y bo, ar eich ysgwyddau chi fel pennaeth neu berchennog y busnes mae'r cyfrifoldeb yn y pen draw. Os byddwch yn penderfynu defnyddio corff allanol i weithredu ar eich rhan, rhaid ystyried y gost ariannol. Mae asiantaethau cyflogi yn aml yn codi tâl o rhwng 15% a 20% o gyfanswm cyflog blwyddyn gyntaf y sawl a benodir i'r swydd sydd dan sylw.

Ysgogi a gwobrwyo gweithwyr

Mae rheolaeth yn ffurf ar gelfyddyd. Mae rheolwr da yn gallu cymell ac ysgogi gweithwyr o'i gwmpas. Golyga hyn fod angen hybu gweithwyr i fod eisiau cyflawni'r gwaith mae rheolwyr yn ei osod ar eu cyfer. Dengys ystadegau a gwaith ymchwil nad cyflog a chyfoeth ariannol sy'n cymell y mwyafrif o weithwyr i weithio'n galed ac i wella eu statws o fewn eu gwaith.

Does dim dwywaith mai un o'r prif gymwysterau ar gyfer creu rheolwr da yw ei allu i ddod i adnabod gweithwyr unigol o fewn y busnes. Os ydych yn cyflogi pump yna dylech gael sgwrs gyda phob un bob dydd. Os ydych yn cyflogi deg yna dylech gael sgwrs gyda phob un o leiaf unwaith yr wythnos. Mae sgwrsio a chreu awyrgylch dda yn y gweithle yn her bleserus. Mae canmoliaeth yn ysgogi unigolion; mae canmoliaeth iddynt hwy fel heulwen i flodyn, yn tynnu'r gorau ac yn arwain tuag at greu awyrgylch hapus a deniadol.

Drwy sgwrsio â hwy, cewch gyfle i adnabod eich gweithwyr a chreu darlun cyflawn o bob un ohonynt. Mae'r broses yma'n dangos eich diddordeb ynddynt fel unigolion ac yn creu awyrgylch dda. Mewn geiriau eraill, dônt i gyd yn ymwybodol eich bod yn eu gwerthfawrogi'n ddidwyll. Dyma'r ffordd orau o gael y gorau o bobl yn gyffredinol. Fel hyn y dywed Bob Nelson, yr arbenigwr Americanaidd ar gyflogaeth: 'Cymerwch amser i werthfawrogi eich gweithwyr ac fe fyddant yn eich ad-dalu mewn mil o wahanol ddulliau.'

Pan ddaw hi'n amser llenwi swydd o fewn eich busnes, cofiwch ystyried eich gweithwyr presennol yn gyntaf. Mae gweithwyr sydd wedi bod gyda chi ers blynyddoedd yn sicr o fod yn meddu ar y profiadau mwyaf perthnasol i'r swydd. Yn ôl yr hen ddihareb Gymraeg: 'Gorau meistr, a fu was.' Wedi dweud hyn rhaid bod yn ofalus oherwydd gallwch wanhau adran arall o'ch busnes drwy wneud hyn. Ambell dro, mae'n talu newid rôl neu swydd-ddisgrifiad gweithwyr unigol oddi mewn i'ch busnes er mwyn cyflwyno her newydd i'r sawl sy'n dangos anfodlonrwydd. Rhaid bod yn ymwybodol o anfodlonrwydd yn barhaol. Os yw gweithiwr yn uchelgeisiol, fe fydd eisiau gwella ei hun. Gall gwerthwr da fod yn awyddus i ddod yn rheolwr gwerthiant ond dengys ystadegau fod gwerthwyr da yn gwneud rheolwyr gwael. Felly gallwch golli gwerthwr da drwy roi dyrchafiad iddo. Yr ateb yn y sefyllfa hon yw cynnig pecyn gwaith newydd i'r gwerthwr da er mwyn ei gadw a'i symbylu i'w wella ei hun. Cofiwch bob amser bod mwyafrif eich gweithwyr am ddangos eu bod yn llwyddiannus o fewn cylch eu ffrindiau a'u teuluoedd eu hunain ac mae newid statws o fewn eu gwaith yn hollbwysig iddynt.

Mae ysbrydoli ac ysgogi gweithwyr oddi mewn i fusnes mawr yn haws nag ydyw mewn busnes bach. Mae rheswm syml ac eglur dros hyn. O fewn busnes bach, mae llai o gyfleoedd am ddyrchafiad ac mae cyfrifoldeb gwaith yr unigolion yn aros yr un fath. Golyga hyn fod llai o amrywiaeth o fewn eu patrwm gwaith a bydd y gweithwyr ambell dro yn dod yn anfodlon. Gall hyn arwain at awyrgylch anhapus a hyd yn oed absenoldeb salwch. Felly rhaid osgoi amgylchiadau sy'n creu digymhelliant (*de-motivation*). Rhaid sefyll yn ôl a pheidio â bod yn feirniadol a chreu sefyllfa lle bydd eich gweithwyr yn eu cymell eu hunain i chwilio am her a phleser o fewn eu gwaith.

Gellir osgoi neu leddfu hyn mewn busnes bach drwy fentro ymestyn i faes newydd ychydig yn wahanol bob rhyw dair i bedair blynedd, dyweder. Bydd hyn yn dod â chyfrifoldebau a sialensau newydd – a llwyddiannau newydd – yn sgil hynny.

Mae delio gyda gweithwyr anhapus yn waith anodd. Yn ystod fy mlynyddoedd fel athro deuthum i wybod beth yw effaith criw bychan o athrawon sy'n anfodlon ar yr awyrgylch gyffredinol o fewn ysgol. Mae'n rhaid i'r pennaeth fynd at wraidd y broblem yn syth. Ai'r gweithiwr ynteu'r swydd ei hun sy'n achosi problem? Gall gwrthdaro personol rhwng dau weithiwr achosi tyndra ac anghytuno ac felly mae'n rhaid i'r sefyllfa gael ei datrys gan y pennaeth a dylid gwneud hynny drwy osod cymhelliant newydd ger eu bron.

Mae pob un ohonom yn gwybod fod rhai unigolion yn mynnu tynnu'n groes ac yn hoffi anghytuno. Mae modd newid y sefyllfa hon drwy dynnu'r unigolion hyn i mewn i bartneriaeth gyda chi. Os oes un o'ch gweithwyr yn cyflawni'r un drosedd dro ar ôl tro (megis cyrraedd y gweithle'n hwyr neu gyflawni gwaith arbennig yn groes i'r dull a osodwyd gennych) yna, yn hytrach na'i geryddu ceisiwch ei ddarbwyllo o'r cam y mae'n ei wneud â'r busnes a cheisiwch ei argyhoeddi mai eich dymuniad a'ch dull chi yw'r ffordd orau ymlaen. Peidiwch â chael eich temtio i anwybyddu'r broblem gan obeithio y bydd y sefyllfa yn gwella ar ei phen ei hun. Dyletswydd y pennaeth yw delio â'r mater.

Ysgogi gweithwyr drwy osod cyflog ar sail perfformiad

Er bod y mwyafrif o fusnesau yn cyflogi eu gweithwyr yn ôl oriau'r gwaith, nid yr oriau sy'n cyfrif ond y gwaith a gyflawnir. Mae mwy a mwy o fusnesau ym Mhrydain yn pennu cyflog ar sail perfformiad eu gweithwyr. Os ydych am osod patrwm cyflog sy'n seiliedig ar safon a pherfformiad yna rhaid gosod y fframwaith yn ofalus drwy gyflawni'r pethau canlynol:

- Gosod rheolau syml ac eglur fel bod pawb yn deall y system.
- Gosod amcanion ysgrifenedig ac eglur ar gyfer pob gweithiwr neu dîm o weithwyr.
- Sicrhau bod y wobr ariannol yn ddigonol i gymell y gweithwyr i wneud eu gorau glas.
- Gosod targedau sy'n ymarferol.
- Sicrhau bod y system yn deg i bawb.

Dyma'r prif systemau gwobrwyo drwy gyflog:

- Talu comisiwn
- Talu bonws

- Rhannu elw
- Rhannu perchnogaeth o'r cwmni (opsiynau mewn cyfranddaliadau)
- Rhoi gwobrau ariannol am gyrraedd lefelau newydd o sgiliau.

Talu comisiwn

Dyma'r dull hawsaf o wobrwyo gweithwyr. Mae'n fwy tebygol o weithio mewn busnes lle mae gwerthu yn ffactor amlwg. Gosodir maint y comisiwn yn ôl gwerth yr hyn sy'n cael ei werthu. Fel arfer penodir maint y comisiwn yn ôl yr elw gros ac nid yn ôl y trosiant (turnover). Er mwyn i'r drefn weithio'n effeithiol rhaid talu'r comisiwn yn wythnosol neu'n fisol.

Talu bonws

Dyma'r wobr a delir mewn un taliad cyfnodol. Cyfrifir y wobr ar sail canlyniadau tymhorol neu flynyddol tîm oddi mewn i'r busnes neu ar sail canlyniadau'r busnes yn ei gyfanrwydd. Gall gwneud hyn greu brwdfrydedd a diddordeb ymhlith y gweithlu. Os yw'r busnes yn sefydlu cynllun bonws yna rhaid cyhoeddi'r ffigurau diweddaraf yn gyson er mwyn rhoi hwb a chymhelliad i'r rhai sy'n anelu at gyrraedd y targedau a osodwyd.

Rhannu'r elw

Mae rhannu cyfran o elw'r busnes (yn gyfnodol) ymysg gweithwyr yn arferiad eithaf cyffredin. Efallai y bydd y busnes yn rhoi cyfran fwy ar gyfer gweithwyr mewn swyddogaethau gwahanol a threfnu hynny yn ôl hyd gwasanaeth neu bwysigrwydd y swydd o fewn y busnes. Mewn ambell fusnes gall fod ambell weithiwr yn perfformio'n fwy effeithiol na'i gilydd. Y gobaith yw bod y rhai gwanaf yn cryfhau yn sgîl y patrwm bonws ac yn cael eu hysgogi i wella a chynyddu eu hymroddiad. Mae gofyn i unrhyw sefydliad sy'n mabwysiadu system o rannu elw fod yn sefydliad aeddfed ac felly yn meddu ar staff sy'n ymroddedig i'r cynllun. Gellir dosbarthu'r elw ar ffurf cyfranddaliadau o fewn strwythur y cwmni. Bydd hyn yn hybu dyfodol tymor hir y busnes.

Gwobrwyo am gyrraedd gwahanol lefelau o sgiliau

Gellir talu symiau o arian, cyflwyno tystysgrifau, rhoddion, dyddiau ychwanegol o wyliau, neu benwythnos mewn gwesty i aelodau o'r gweithlu sy'n cyrraedd safonau uchel neu'n cynyddu eu perfformiad o fewn y busnes. Gall hyn arwain at greu canlyniadau gwell.

Penodi maint y cyflog yr ydych am ei dalu i wahanol aelodau o'ch staff

Mae penderfynu ar gyfanswm cyflog eich gweithwyr yn dasg allweddol ac mae'n rhaid i bennaeth y busnes gymryd rhan yn y broses honno. Rhaid i'r cyflogwr dalu tâl teilwng am wasanaeth y gweithiwr. Ers mis Ebrill 1999 mae tâl lleiafswm wedi ei bennu gan y Llywodraeth ac mae'n newid yn gyson. Cewch yr wybodaeth berthnasol ar www.jobcentreplus.gov.uk. I gael y staff gorau posib ar gyfer eich busnes yna mae'n rhaid ichi gystadlu yn erbyn busnesau lleol tebyg i'ch un chi. Wrth gwrs, rhaid astudio'r cyflogau yn eich maes drwy ddarllen erthyglau perthnasol, dilyn hysbysebion am swyddi ar y we ac mewn papurau a chylchgronau. Cofiwch hefyd fod graddfa'r tâl dipyn yn uwch mewn ardaloedd trefol nag ydyw mewn ardal wledig. Cysylltwch â'ch siambr fasnach leol ac asiantaethau cyflogi ac asiantaethau recriwtio. Gall y rhain i gyd roi canllawiau defnyddiol ichi. Rhaid anelu at fod yn gyson neu bydd eich gweithwyr yn ymadael i chwilio am borfeydd newydd.

Rhaid i fusnesau llwyddiannus hefyd gynnig ychwanegiadau

i'w gweithwyr, megis amodau gwaith, dillad gwaith, hyfforddiant personol, oriau hyblyg, disgownt ar gynnyrch y cwmni a hefyd pensiynau. Dylid cofio bod rhaid i bob busnes sy'n cyflogi mwy na 5 ddarparu neu gynnig cynllun pensiwn ar gyfer y gweithwyr.

Cadw at ofynion cyfreithiol

'Mae'n rhy hwyr codi pais ar ôl piso'! Os nad yw busnes yn gofalu am weithredu o fewn fframwaith gyfreithiol, yna gall ganfod ei hun mewn dyfroedd tymhestlog. Gallwch ddarllen a chasglu gwybodaeth am gyfraith cyflogaeth ar y safleoedd gwe canlynol:

> www.acas.org.uk (advisory, conciliation and arbritration services)

> www.britishsafetycouncil.org

> www.emplaw.co.uk (am gyfarwyddyd cyfreithiol)

Er mwyn gwarchod ei hun fe ddylai pob busnes gadw cofnodion ysgrifenedig (ar ffurf nodiadau neu ar gyfrifiadur) ynglŷn â gweithwyr a chyflogaeth o fewn y busnes. Mae'n amod gyfreithiol fod cofnodion yn cael eu cadw, megis gwybodaeth ynglŷn â damweiniau o fewn y gweithle. Gall oblygiadau pellgyrhaeddol ddeillio o ddamwain oedd yn ymddangos yn ddibwys ar y pryd. Dyma restr o rai pethau y dylid eu cadw ar gyfer enwau unigolion sy'n gweithio o fewn y busnes:

- Ffurflen gais am y swydd/gwybodaeth berthnasol
- Hanes gwaith blaenorol
- Disgrifiad o'r swydd
- Manylion tâl ac unrhyw fonws
- Manylion am allu a sgiliau
- Manylion am absenoldeb, damweiniau, afiechyd a rhybuddion o fewn swydd
- Manylion gwyliau blynyddol

- Gwybodaeth pensiwn
- Oedran a hyd gwasanaeth a theitl y swydd
- Cofnodion am gwynion

Dylid cofio fod gan bob gweithiwr hawl i gael gweld cofnodion sy'n datgelu gwybodaeth amdano a gall alw am newidiadau i'r wybodaeth os yw'n anghytuno â'u cywirdeb. Fel cyflogwr hefyd dylid cyflwyno contract neu ddatganiad ysgrifenedig i bob gweithiwr sy'n amlinellu a disgrifio telerau ac amodau'r cytundeb gweithio. Dylai'r contract yma felly roi swydd-ddisgrifiad sy'n cynnwys gwybodaeth am y materion canlynol:

Manylion personol y gweithiwr a dyddiad dechrau'r swydd
Manylion cyflog. Maint y cyflog Sut y telir ef?
Disgrifiad byr o'r gwaith i'w gyflawni
Lleoliad y gweithiwr o fewn y busnes
Oriau gwaith/dyddiau ac amodau gwyliau
Telerau unrhyw gynllun pensiwn
Telerau tâl salwch
Cyfnod rhybudd ymddiswyddo. Mae lleiafswm cyfreithiol o un wythnos o rybudd ar gyfer bob blwyddyn o wasanaeth hyd at 12 wythnos. Mewn geiriau eraill, rhaid i weithiwr sydd yn weithio fewn y busnes ers 8 mlynedd roi 8 wythnos o rybudd os yw am adael ei swydd.

Rheolau amser gwaith

Ers 1999 mae'r Llywodraeth wedi gosod rheolau llym ynglŷn â chyfanswm oriau y gall unigolion weithio. Nid oes hawl gan fusnes i orfodi gweithwyr i weithio mwy na 48 awr oni bai bod cytundeb wedi ei wneud rhwng y cyflogwr a'r gweithiwr. Mae gan bob gweithiwr cyflog yr hawl i 20 munud o egwyl bob dydd ac nid yw gweithwyr sy'n gweithio dros nos i fod i weithio am fwy nag 8 awr o fewn 24 awr. Mae gan weithwyr llawn amser hawl i 20 diwrnod o wyliau y flwyddyn.

Mae gan weithwyr yr hawl i gymryd dyddiau o'u gwaith yn ddi-dâl os yw eu teulu agos (sef y rhai sy'n byw o dan yr un to ac sy'n ddibynnol ar y sawl a gyflogir yn y busnes) angen eu cymorth mewn argyfwng. Gall yr argyfwng hwn gynnwys salwch, marwolaeth, ymosodiad, genedigaeth neu fater difrifol yn ymwneud â phlant ysgol neu fywyd cymdeithasol. Mae amser 'rhesymol' o'r gwaith fel arfer yn golygu rhwng un a thri niwrnod.

Polisi iechyd a diogelwch

Mae'n bosibl cael polisïau o fewn eich busnes ar gyfer llu o wahanol feysydd ond efallai mai'r polisi pwysicaf sydd ei angen arnoch yw'r polisi iechyd a diogelwch. Bydd adran iechyd ac amgylchedd eich llywodraeth leol yn gallu eich rhoi ar ben ffordd. Dros y degawd diwethaf cynyddodd cyfrifoldebau cyflogwyr mewn perthynas â diogelwch ac iechyd eu gweithwyr a bu'n rhaid i filoedd o berchenogion busnes dalu iawndal oherwydd eu diffyg ymroddiad i'r cyfeiriad hwn. Mae safle we'r Llywodraeth www.hse.gov.uk <http://www.hse.gov.uk> yn ddefnyddiol i bob busnes, waeth beth yw ei faint. Dylech hefyd sicrhau fod gennych bolisi yswiriant atebolrwydd cyflogwr. Mae'n ddeddf gwlad fod yn rhaid cael copi o'r dystysgrif yn y gweithle. Dylai'r yswiriant eich amddiffyn hyd at 2 filiwn o bunnoedd o gostau. Mae llunio a gweithredu polisi iechyd a diogelwch yn y gweithle yn waith diflas ond mae'n angenrheidiol a dylid ei archwilio a'i arolygu'n gyson. Yn yr oes gymhleth hon o oblygiadau a dyletswyddau cyfreithiol, bydd pob dyn busnes llwyddiannus yn sicr o fabwysiadu polisi doeth a synhwyrol yn y maes hwn.

Dod i adnabod unigolion a chael y gorau ohonynt

- Asesu rhywun fel unigolyn ac fel gweithiwr

- Datblygu unigolion

- Defnyddio gwybodaeth yn ddoeth

- Egluro cyfarwyddiadau a safbwyntiau

- Rhoi sylw i'r pethau bychain

- Pwysigrwydd eich bywyd personol mewn perthynas â llwyddiant

Dod i adnabod unigolion a chael y gorau ohonynt

'Mae popeth sy'n werthfawr mewn cymdeithas yn ddibynnol ar y cyfleoedd a roddir i unigolion allu datblygu.'

Albert Einstein

Asesu rhywun fel unigolyn ac fel gweithiwr

Rydym wedi edrych yn fras ar sut y mae cyflogi pobl a sut y mae unrhyw fusnes neu sefydliad yn gorfod anelu tuag at fodlonrwydd o fewn y gweithle. Mae modd dadansoddi cyflogaeth ac ymdriniaeth o gydweithwyr o dan is-deitlau theoretig ond mae angen i bob rheolwr, bob cyflogwr a phob gweithiwr ddysgu a meithrin y sgiliau sylfaenol sy'n hanfodol i unrhyw un allu adnabod pobl yn gyffredinol. Dylai pob un ohonom fedru adnabod pobl. Dyma un o sgiliau pwysicaf bywyd.

Yn yr unfed ganrif ar hugain, mae gan bob sefydliad o bwys ddulliau penodol o werthuso a gwerthfawrogi gweithwyr. Mae'r dulliau asesu hyn wedi cael eu cynllunio fel arfer gan seicolegwyr profiadol. Mae hyn yn golygu bod y cwestiynau a'r materion a drafodir yn cael eu llunio er mwyn chwilio am wendidau yn hytrach na chryfderau. Mae'r ethos Ewropeaidd yn gyffredinol wedi dilyn y patrwm hwn. Petaem yn edrych ar Siapan a'i datblygiad economaidd dros yr hanner canrif ddiwethaf mae modd darganfod patrwm asesu a gwerthuso gwahanol iawn.

Nid yw sefydliadau na busnesau yn Siapan yn diswyddo gweithwyr oni bai fod rhesymau difrifol a phellgyrhaeddol dros wneud hynny. Mae swydd i'r mwyafrif o Siapaneaid yn swydd am oes ond mae pob sefydliad yn cynnal arolygon er mwyn asesu a gwerthuso effeithiolrwydd unigolion o fewn y sefydliad. Y gwahaniaeth sylfaenol rhwng y dull asesu Siapaneaidd a'r dull asesu a gyflawnir ym Mhrydain ac Ewrop yw hyn: nid yw'r Siapaneaid yn gosod safonau rhy uchelgeisiol i'w gweithwyr. Yn hytrach maent yn ystyried eu cryfderau. Yr hyn mae'r Siapaneaid am wybod yw: 'Beth mae'r unigolyn yn gallu ei gyflawni a beth mae'r unigolyn wedi'i gyflawni'. Ar sail yr atebion i'r cwestiynau hyn mae sefydliadau'n cael eu datblygu a'u gwella.

Fel arbrawf personol, y tro nesaf y byddwch yn cyfarfod rhywun am y tro cyntaf ceisiwch gyflawni'r ymarferiad canlynol:

Sgwrsiwch gyda nhw a'u holi am bethau gweddol gyffredinol. Ceisiwch ddarganfod mewn mater o hanner awr neu lai beth, yn ôl eich barn chi, y mae'r unigolyn wedi'i gyflawni a hefyd beth ydych yn ei gredu y gall ei gyflawni. Mae hon yn swnio'n dasg anodd i'w gweithredu, yn enwedig mewn cyn lleied o amser, ond fe fyddwch yn rhyfeddu at y darlun y gallwch ei greu o'r unigolyn mewn cyn lleied o amser. Mae'n ffordd syml iawn o asesu gweithiwr, cyflogwr, rheolwr, cyfaill newydd, cynghorydd, gwleidydd neu unrhyw un arall.

Wrth gwrs, mae'n cymryd amser a chyfnod i ddod i adnabod pobl yn dda ac o fewn amgylchfyd gwaith fe ddaw hyn yn amlwg. Ond os yw gweithwyr am fod yn hapus a bodlon, mae'n rhaid i'r swyddogion uwch eu pennau fod yn berchen ar feddwl positif. Dyma sut y mae modd dod i adnabod cydweithwyr. Dyma felly sut y mae modd tynnu'r gorau o bobl yn gyffredinol. Rhaid i bob pennaeth neu reolwr, o fewn y sector breifat neu'r sector gyhoeddus, ddysgu sut mae gweld y rhinweddau yn yr unigolion sydd o'u cwmpas. Drwy wneud hyn fe fydd y gweithwyr o'u cwmpas yn datblygu ac yn bodloni a bydd y busnes neu'r sefydliad yn elwa'n gyffredinol.

Mae'n rhaid i'r pennaeth sydd am weld y rhinweddau mewn eraill fod yn unigolyn gwylaidd. Bydd ganddo fwy o ddiddordeb mewn eraill nag sydd ganddo ynddo ef ei hun. Mae'n gamp anodd disgrifio a chrynhoi cymeriad unrhyw bennaeth a all wneud hyn, ond o geisio ei gyfleu yn syml mae modd dweud y byddai'r pennaeth delfrydol yn debygol o gerdded i mewn i ystafell a chyfarch eraill gyda'r geiriau: 'Wel wir, dyma chi' yn hytrach na'r geiriau 'Wel wir, dyma fi'.

Mae mwyafrif y penderfyniadau a gymerwn o fewn busnes neu sefydliad yn ymwneud â phobl. Mae hyn felly'n golygu bod rhaid adnabod yr unigolion o fewn y gweithle. Mae pob penderfyniad a wneir yn cynnwys elfen o 'gambl', ond os y gallwn sylfaenu'r gambl ar yr hyn mae'r unigolion perthnasol yn gallu ei gyflawni ac wedi ei gyflawni, yna mae'r gambl yn fwy tebygol o dalu.

Er mor werthfawr yw ysgrifennu gwerthusiad neu drawsfesuriad o weithwyr o fewn sefydliadau, mae pob pennaeth da yn gwneud hynny'n reddfol ac yn ddiarwybod iddo ef ei hun. Wrth werthuso gweithiwr gellir gofyn llawer o gwestiynau perthnasol. Dyma rai o'r cwestiynau amlycaf:

Beth mae'r unigolyn wedi'i gyflawni yn y gorffennol?
Beth yw ei gryfderau a sut y gellir cryfhau ei rinweddau?
Sut y gallwch chi neu eich busnes elwa ar gryfderau'r unigolyn hwn?
A fuasech yn hoffi cydweithio gydag ef ac a fuasech yn hoffi ei gwmnïaeth?

Drwy gael yr atebion i'r cwestiynau uchod dylech ddod i wybod ac adnabod llawer mwy am yr unigolyn dan sylw. Bydd hyn yn golygu eich bod yn gallu gwneud gwell defnydd ohono ar gyfer hwyluso eich gwaith eich hun. Drwy ddethol unigolion sy'n meddu ar rinweddau arbennig mewn meysydd arbennig daw eich busnes neu eich sefydliad yn fwy effeithiol. Dyma a wnaeth yr Albanwr enwog Andrew Carnegie wrth ddatblygu ei ymerodraeth yn y diwydiant haearn. Mae'r geiriau ar ei garreg fedd yn adrodd cyfrolau: 'Yma y gorwedd gŵr a wyddai sut oedd denu dynion i'w wasanaeth a oedd yn rhagori arno ef ei hun'.

Rydym oll yn hoffi bod yng nghwmni unigolion sy'n meddu ar dipyn o 'sbarc'. Unigolion sy'n rhoi rhyw fymryn ychwanegol o ymdrech i mewn i'w sgwrs. Mewn geiriau eraill, rydym yn chwilio am bobl sy'n rhoi ychydig mwy na normalrwydd i'n bywydau. O safbwynt rhywun sy'n rheoli busnes neu sefydliad bydd unigolion fel hyn yn fwy tebygol o roi rhyw 'ffactor x' i mewn i'r gweithle. Yr her felly yw darganfod a phenodi unigolion fel hyn a gwneud iddynt deimlo eu bod yn rhan o'r cwmni neu'r sefydliad. Mae'n rhaid i'r unigolion hyn ddod i ymdeimlo mai nhw yw'r 'cwmni' ac felly ni ddylai pennaeth y cwmni fyth gyfeirio at y 'cwmni' fel rhyw sefydliad ar wahân ac aruchel. Mae'n rhaid i bawb fod yn rhan o'r cwmni heb fod yna gysgod neu dduw uwch eu pennau. Pan fydd yr unigolion sydd o'ch cwmpas yn camweddu neu'n gwneud camgymeriad, waeth ichi heb na'u beirniadu'n llym neu eu cyhuddo o flerwch. Gwn fod ymatal rhag gwneud hyn yn anodd (rwyf i'n bersonol yn un o'r rhai hynny sy'n methu ag ymatal ambell dro) ond mae'n ffaith sicr bod canmol bwriadau gan ddangos camgymeriad yn llawer mwy proffidiol na cheryddu a fflangellu. Ni ddylid byth gwestiynu bwriadau unigolion oherwydd rydym oll yn dueddol o gredu fod ein bwriadau yn gywir a bod cyfiawnhad drostynt. Rhaid cymryd yn ganiataol felly fod bwriadau eich cydweithwyr yn rhai didwyll hyd yn oed os na chredwch eu bod yn cyfrannu tuag at lwyddiant o fewn y gwaith.

Datblygu pobl

Prin iawn yw'r unigolion sy'n cael eu geni i fod yn arweinwyr. Mae'n rhaid i'r mwyafrif ddysgu sgiliau perthnasol a datblygu rhinweddau. Prif dasg pob rheolwr mewn unrhyw sefydliad yw datblygu pobl. Rhaid i bennaeth werthuso perfformiad aelodau ei dîm a gwneud hynny'n rheolaidd. Dylid cofio bod datblygiad yn golygu newid ac mae'r mwyafrif ohonom yn ofni newidiadau oherwydd oblygiadau'r newid o fewn ein patrwm gwaith a'n patrwm bywyd.

Mae'n rhaid i benaethiaid werthuso'n wrthrychol a gofalus ac yna mae'n rhaid rhoi'r adborth i'r gweithwyr neu'r unigolion sydd dan sylw. Dyma mae rhiant yn ei wneud gyda'i blant. Y gamp yw sicrhau fod yr adborth yn ennill gwrandawiad yr unigolion yn hytrach na pheri iddynt fod yn negyddol yn wyneb y feirniadaeth. Dyma hefyd yw crefft athro da. Yn ystod fy ngyrfa fel athro, gwn fy mod ambell dro yn rhy hallt fy meirniadaeth o ambell ddisgybl. Mae'n rhaid i'r sawl sy'n rhannu'r adborth gadw'r feirniadaeth yn deg. Mae'n wir fod rhaid datgelu gwendidau unigolion ond mae'n rhaid cadw'r cydbwysedd yn wastad neu bydd yr unigolion sy'n cael eu gwerthuso yn colli eu cymhelliad dros weithio'n galed a hefyd yn treulio gormod o amser yn ceisio cywiro'r gwendidau hynny y cyfeirir atynt yn y gwerthusiad. Dylid cofio mai cylch yw datblygiad. Mae'r cylch yn dechrau pan osodir amcanion ar gyfer unigolyn a hynny er mwyn anelu at gyflenwi anghenion y busnes neu'r sefydliad. Yna, mae'n rhaid asesu perfformiad yr unigolyn a rhoi adborth iddo. Ar sail yr adborth yma gosodir rhai amcanion newydd ac yna dechreua'r cylch unwaith eto. Dyma felly pam y mae datblygu unigolyn a datblygu busnes yn golygu newid parhaol. Mae pob busnes effeithiol yn gorfod bod yn ddeinamig ac felly yn gorfod adnewyddu a diwygio'r cylch datblygiad yn gyson.

Gallwch asesu eich datblygiad personol eich hun drwy bwysleisio ar gwestiynau gwrthrychol. Gwnewch restr o'ch rhinweddau a'ch ffaeleddau a gofynnwch i rywun arall sy'n eich adnabod yn dda lunio rhestr hefyd. Cymharwch yr atebion. Yn y bennod ar greu lwc ceir rhestrau o nodweddion a all eich helpu. Mae ar bawb angen datblygu ac rydym hefyd yn aml yn gorfod bod o gymorth i ddatblygiad yr unigolion sydd o'n cwmpas. Os ydych yn ddyn busnes neu efallai'n weinyddwr oddi mewn i sefydliad ers rhai blynyddoedd, holwch eich hun faint o unigolion sydd wedi datblygu a gwella eu hunain drwy gyfrwng eich cymorth chi. Os gallwch ddweud eich bod wedi bod o gymorth i nifer o unigolion yna dylech fod yn falch oherwydd bydd y gyfundrefn yr ydych yn rhan ohoni wedi elwa ar sail eich ymroddiad a'ch llafur i'r cyfeiriad hwn. Os ydych, dyweder, yn brifathro ar ysgol, gofynnwch i chi eich hun a oes unrhyw athro a fu dan eich adain wedi datblygu i fod yn brifathro yn ddiweddarach yn ystod ei yrfa. Os oes, yna dylech ymfalchïo yn y ffaith eich bod wedi ei ysbrydoli i ddatblygu ei yrfa a hynny ar sail y canllawiau a'r cymorth a dderbyniodd gennych.

Defnyddio eich gwybodaeth yn ddoeth

Wrth geisio ennyn y gorau o rywun mae'n rhaid bod yn gynnil. Efallai bod gennych radd PhD mewn pwnc dyrys ac efallai bod gennych amrediad eang o wybodaeth gyffredinol am y byd, ond os na fedrwch wybod sut y mae defnyddio'r wybodaeth yn adeiladol, nid oes fawr o ddiben ichi ei chael o gwbl. Mae'n rhaid ichi felly ymarfer defnyddio eich gwybodaeth yn ôl y galw. Mae llawer ohonom yn euog o wneud penderfyniad yn fyrbwyll gan arwain at gamgymeriadau. Byddwn wedyn yn edifarhau ac yn sylweddoli y gellid bod wedi defnyddio ein gwybodaeth i wneud penderfyniadau doethach. Mae unigolion llwyddiannus yn meithrin y gallu i wneud hyn.

Mae'r un polisi yn angenrheidiol os ydych am ddwyn perswâd ar rywun i gytuno â'ch barn chi. Mae'n amhosib ennill dadl drwy ffraeo. Os nad yw'r unigolyn yr ydych am geisio'i ddylanwadu eisiau cytuno gyda chi, yna bydd yn barod i ddefnyddio dadleuon disynnwyr er mwyn anghytuno. Felly mae'n rhaid anelu at ennill ei galon ac nid ei feddwl. Os gallwch wneud hynny bydd gennych rywfaint o obaith o leiaf i ennill y ddadl.

Rhaid dysgu ymatal felly. Ambell dro bydd cydweithiwr yn awgrymu nad ydych yn gefnogol iddo. Dyma'r ennyd bwysig – rhaid peidio â datgan eich anghytundeb ar lafar. Dysgwch ddweud dim: dyma'n aml yw byrdwn awduron sy'n ysgrifennu ar 'berthynas ddynol'. Camgymeriad yw dweud wrth eraill eu bod yn 'anghywir'. Hyd yn oed os ydych yn sicr fod yr awgrym a gynigir yn ffôl ac anymarferol, ymataliwch rhag barnu'n agored. Os gwnewch hyn bydd yr holl syniad yn marw mewn proses o esblygiad naturiol. Fel arfer bydd yr unigolyn yn gweld ei gamgymeriad yn eithaf buan a'r tro nesaf y bydd yn cynnig awgrym, bydd siawns eithaf da bod yr awgrym yn un adeiladol ac y bydd yn fuddiol i'ch cwmni neu i'ch sefydliad. Mae'r wers hon yn allweddol i wella cyfathrebu. O fewn pob busnes mae cyfathrebu yn hollbwysig. Wrth geisio gwella effeithiolrwydd ac undod o fewn y gweithle fe ddaw tri gair pwysig i'r meddwl: 'Cyfathrebu, cyfathrebu a chyfathrebu.'

Wrth ystyried yr uchod dylem hefyd gofio bod amrywiadau tymer (*mood swings*) yn gallu effeithio ar lwyddiant cyfathrebu rhwng unigolion. Ambell ddiwrnod rydym oll yn gallu teimlo'n hapus ac ar ben ein digon, ond ar ddyddiau eraill gallwn deimlo'n hollol wahanol a bydd popeth yn mynd o chwith. Felly pan fyddwch yn teimlo tyndra rhyngoch chi a chydweithwyr, holwch eich hun am eiliad a gofynnwch tybed a yw'r diwrnod hwnnw yn ddydd gwael ichi. Mae'n anodd derbyn hyn weithiau, ond efallai'n wir mai chi sy'n gorymateb ac yn camfarnu oherwydd hynny.

Meithrin dawn egluro cyfarwyddiadau a safbwyntiau ac atal camddealltwriaeth

> 'Y ddadl gryfaf yw'r un sy'n cael ei throsglwyddo'n syml ac fel cyfrwng i egluro.'
> – Dale Carnegie, awdur Americanaidd (1888-1955)

Agwedd arall bwysig ar y berthynas rhwng penaethiaid (ac wrth ddefnyddio'r gair yma rwy'n cyfeirio at reolwyr a pherchnogion busnes) a chydweithwyr yw'r broses o ddeall cyfarwyddiadau. Mae'r agwedd hon yn rhan hanfodol bwysig o'r cyfathrebu sy'n digwydd rhwng pobl. Ystyr manwl cyfathrebu yw symud yr hyn sydd o fewn meddwl un unigolyn i feddlyiau unigolyn arall. Fel cyn athro ysgol mae gen i atgofion da am fy llwyddiannau yn ogystal â fy methiannau yn y maes hwn. Er imi dderbyn hyfforddiant ar gyfer bod yn athro nid wyf yn cofio imi erioed dderbyn hyfforddiant penodol ar sut yn union oedd mynegi eich gwybodaeth mewn dull dealladwy ac eglur. Nid dawn naturiol yw'r gallu i egluro ond proses sydd angen ei meistroli. Mae'r sawl sy'n gallu egluro'n effeithiol yn sicr o ennill budd iddo ef ei hun, i'r unigolion o'i gwmpas ac i'r sefydliad y mae'n rhan ohoni. Yn ystod fy ngyrfa fel athro byddwn yn aml yn gofyn i ddisgyblion a oeddynt wedi deall yr hyn yr oeddwn wedi'i draddodi iddynt. Yn amlach na pheidio eu hateb naturiol fyddai 'do' a'r hyn y dylwn fod wedi ei wneud wedyn oedd gofyn iddynt ailadrodd, yn eu geiriau eu hunain, beth yn union roeddwn wedi ceisio ei draddodi. Dyma'r ffordd o sicrhau nad oes camddealltwriaeth yn digwydd. Mae cyfathrebu fel hyn yn anodd ac mae gofyn inni feithrin agwedd bositif a gwylaidd tuag at yr holl broses ond mae'n hollbwysig atal camddealltwriaeth os ydym i gyrraedd ein nod ac i symud ymlaen.

Os nad ydych yn sicr eich bod yn rhoi cyfarwyddiadau yn effeithiol, gofynnwch i chi eich hun a fuasech yn deall yr hyn yr ydych newydd ei ofyn i'ch cydweithwyr. Os nad yw eich pwyntiau yn eglur dylech fynd ati i ymarfer eich arddull. Mae pennaeth sy'n gallu arolygu ei ddulliau ei hun yn effeithiol yn sicr o lwyddo i gael y gorau o'i gydweithwyr.

Rhoi sylw i'r pethau bychain

Mae'n rhaid i bob pennaeth ystyried yn gyson beth yn union sydd ar feddwl y gweithwyr a'r swyddogion sydd o'u cwmpas. Gall mater sy'n ymddangos yn ddibwys fod yn fater o dragwyddol bwys i rywun arall. Felly mae'n rhaid bod yn barod i wrando ar gwynion neu bryderon yr unigolion sydd o'ch cwmpas. Y ffordd fwyaf effeithiol o ddatrys problem ac o greu bodlonrwydd yw gwrando ar broblemau. Nid yw hyn o angenrheidrwydd yn golygu eich bod yn gallu ateb y broblem ond mae'r ffaith syml fod y pennaeth yn barod i wrando yn sicr o fod yn gymorth mawr i'r aelod o'r staff sy'n dod ato.

Os yw aelodau o'r staff yn mynegi anfodlonrwydd neu'n awgrymu fod ganddynt broblem, yna mae'n rhaid iddynt gael clust i wrando arnynt felly. Golyga hyn fod yn rhaid trefnu sgwrs lle mae'r ffôn yn cael ei anwybyddu a drws y swyddfa'n cael ei gau. Bydd y weithred hon ynddi'i hun yn dangos fod 'y pennaeth' yn cymryd teimladau cydweithwyr o ddifrif. Gall ychydig funudau o wrando ddwyn ffrwyth a bod yn gyfrwng i ddatrys problem.

Bydd gwrando yn arwain at fodlonrwydd a gwyddom oll ein bod yn fwy cynhyrchiol ac adeiladol pan fyddwn yn fodlon ac yn hapus.

Mae patrwm tymer hefyd yn fater bychan sydd angen sylw o fewn y gweithle. Gwn fy mod i'n bersonol yn tueddu i fod mewn hwyliau drwg yn y bore. Yn y busnes manwerthu, y bore yw amser distawa'r dydd i'r rhan fwyaf o'r staff. Mae'n gyfle i gael trefn a phatrwm ar y diwrnod sydd i ddod. Mae pennaeth da a gweithiwr da yn gorfod rheoli ei dymer. Gall materion personol effeithio ar eich hwyliau o fewn y gwaith. Materion teuluol neu iechyd yw'r ddau ddylanwad amlwg ar ein hwyliau ac mae'n rhaid inni fod yn ddigon cryf i wynebu hynny'n onest er mwyn lles pawb arall sy'n cydweithio â ni. Mae'r sawl sy'n gallu disgyblu ei dymer yn unigolyn cryf. Ar gae rygbi mae'r chwaraewyr mwyaf dylanwadol a llwyddiannus yn gallu peidio ag ymateb os oes ffrwgwd yn digwydd. Maent yn chwarae gyda'r un patrwm seicolegol i'w gêm drwy'r ddau hanner. Pan fyddwch yn teimlo'n flin ac yn negyddol felly, dysgwch beidio ag ildio i'ch teimladau. Drwy ymatal byddwch yn gwneud mwy o les i'ch cydweithwyr, i'ch busnes ac i chi eich hun fel unigolyn. Mae hyn yn rhywbeth sy'n anodd iawn i'w weithredu ac er fy mod i wedi bod mewn busnes ers blynyddoedd maith, rwy'n dal i geisio dysgu'r grefft o beidio â gadael i dymheredd fy nheimladau effeithio ar fy mhenderfyniadau.

Gall rhywun sy'n llwyr ymroi i'w waith anghofio pwysigrwydd un elfen allweddol yn y gweithle, sef cynnal synnwyr digrifwch. Gwn o brofiad fod corneli mewn ystafelloedd athrawon o fewn ysgol uwchradd yn gallu bod yn fannau sych a diflas. Does dim rhaid chwerthin a gwenu drwy gydol yr amser ond mae'n deimlad braf os gallwch godi yn y bore a gwybod y bydd tipyn o hwyl i'w gael ymysg y staff. Mae'n hollbwysig bod y staff yn gwybod y gallant chwerthin yng nghwmni'r pennaeth hefyd ac nad yw'r 'bòs' yn rhy fawr i rannu jôc.

Pwysigrwydd eich bywyd personol i'ch llwyddiant yn y gweithle ac fel dyn busnes

Un o'r gwendidau amlycaf yn hanes datblygiad fy ngyrfa fusnes i yw'r ffaith fy mod wedi methu rheoli'r cydbwysedd rhwng gwaith a phleser cymdeithasol a theuluol. Dylai pawb sy'n anelu at adeiladu busnes neu yrfa lwyddiannus osod rheolau a chanllawiau iddo ef neu iddi hi ei hun. Dywed y mwyafrif o'r llyfrau sy'n trafod busnes fod treulio o leiaf un diwrnod oddi wrth eich gwaith yn hanfodol. Mewn ambell amgylchiad mae hyn yn anodd oherwydd bod nodau i'w cyrraedd a dyledion i'w talu. Os mai dyma yw'r sefyllfa, dylech ragrybuddio'r unigolion o'ch cwmpas ynglŷn â hynny ac wedyn o leiaf, bydd pawb yn derbyn eich absenoldeb oddi wrth eich bywyd cymdeithasol yn haws.

Mae eich bodlonrwydd a'ch hapusrwydd yn dibynnu ar y cynllun y byddwch chi wedi'i greu ar eich cyfer chi eich hun. Dim ond chi a all reoli'r cynllun hwn a gosod amodau a fydd yn arwain at gyrraedd y nod.

Cwmni o ymgynghorwyr proffesiynol yn America yw

McKinsey@Co. Mae'r cwmni hwn yn cael ei gyflogi i roi cyngor i fusnesau bychain a mawr ar hyd a lled y byd. Yn eu llyfr *The McKinsey Mind* mae Ethan Rasiel a Paul Friga yn trafod sawl agwedd ar feddyliau dynion a merched o fewn busnes. Dywedant fod angen cadw at dair rheol syml er mwyn llwyddo i gynnal bywyd personol iach y tu allan i'r gweithle:

- Mae'n rhaid ichi barchu eich amser
- Mae'n rhaid ichi archwilio eich cyflwr meddyliol yn gyson drwy eich holi eich hun ar y mater
- Mae'n rhaid ichi ddysgu rhannu beichiau gwaith

Parchu amser

Mae gen i nifer o ffrindiau a chyfoedion sy'n gweithio mewn sefydliadau cyhoeddus ac mewn busnesau, sy'n aml yn cyfaddef eu bod yn gweithio dros 55 awr bob wythnos. Os ydych am warchod eich hun a pharhau i fwynhau eich gwaith dylech ymdrechu i rwystro hyn rhag digwydd. I reoli eich gafael ar oriau gwaith dylid creu taflen amser ar ddechrau bob wythnos. Yn ôl ymgynghorwyr McKinsey dylech ddechrau drwy benderfynu faint o oriau yr ydych am eu gweithio gydol yr wythnos ac yna gweithio'n ôl o hynny nes bod un awr yn unig ar ôl. Golyga hyn y byddwch yn gwybod ar fore dydd Llun pryd yn union y byddwch yn gorffen gweithio bob dydd. Bydd hyn yn eich galluogi i ddysgu dweud 'na' ar derfyn bob dydd. Pan fydd galwad arnoch i wneud rhywbeth sy'n ychwanegol i'ch taflen amser yna byddwch wedyn yn gallu ymatal rhag gwneud hynny heb roi straen arnoch chi eich hun a'ch cydwybod.

Yn wyneb hyn felly fe ddylem anelu'n gyson at beidio â gosod gormod o bwysau arnom ein hunain. Mae'r ddihareb Tsieineaidd yn cyfleu pwysigrwydd ymlacio yn ein gwaith ac yn ein bywyd: 'Tensiwn yw'r hyn a dybiwch y dylech fod. Ymlacio yw bod yn chi eich hun.'

Mae'n rhaid dysgu gosod blaenoriaethau i wahanol dasgau o fewn eich amserlen. Os ydych yn penderfynu peidio â chyflawni unrhyw dasg gall defnyddio hiwmor i ddweud eich bod yn rhy brysur fod yn ddull effeithiol o ennill cydymdeimlad eich cydweithwyr neu eich penaethiaid. Beth am osod arwydd ar ddrws eich swyddfa pan fyddwch yn brysur i ddatgan nad ydych ar gael? Yn hytrach na gosod geiriau fel 'Dim ymwelwyr heb apwyntiad' neu 'Ddim ar gael', beth am ddatganiadau megis: 'Plîs, dos o 'ma!' neu 'Dwi wirioneddol angen llonydd!'

Archwilio eich cyflwr meddyliol

A ydych chi'n un o'r bobl hynny sy'n methu gwrthod cyflawni dymuniadau pobl eraill? Gofynnwch y cwestiwn hwn i chi eich hun:

A fyddwch yn ateb rhywun ambell dro gyda'r geiriau: 'Gwnaf siŵr iawn' er gwaetha'r ffaith bod eich ymennydd yn dweud y dylech wrthod a dweud 'Na'?

Os ydych yn gwneud hyn yna dylech gymryd cam yn ôl ac edrych ar y darlun eang yn ei gyfanrwydd. Os ydych yn cychwyn i'r gwaith cyn saith ac yn cyrraedd adref ar ôl i'r plant fynd i'w gwely yna dylech ofyn nifer o gwestiynau amlwg:

- A ydych yn hapus yn eich swydd?
- A ydych yn hapus gyda'r cwmni yr ydych yn rhan ohono?
- A ydych yn hapus gyda'ch pennaeth, neu a ydych chi fel pennaeth yn cadw eich gweithwyr yn hapus?
- A yw'r gwobrwyon tebygol a ddaw o ganlyniad i'ch llafur yn cyfiawnhau'r aberth?

Os yw eich atebion i'r cwestiynau hyn yn rhai negyddol efallai y dylech ailedrych ar eich gyrfa'n gyffredinol. Dengys awduron ar fusnes a rheolaeth gwaith yn gyffredinol bod angen inni oll arolygu ac archwilio ein cyflwr meddyliol ein hunain yng nghyddestun gwaith a gyrfa.

Rhannu'r baich

Dod at ein gilydd yw dechreuad,
Aros gyda'n gilydd yw cynnydd,
Gweithio gyda'n gilydd yw llwyddiant.

Henry Ford

Dyma ddiffiniad Henry Ford o lwyddiant ac mae'n awgrymu bod rhannu beichiau gwaith yn allweddol os yw unrhyw fusnes neu sefydliad i lwyddo. Mae'r datganiad uchod hefyd yn berthnasol i lwyddiant bywyd personol, yn arbennig y berthynas rhwng gŵr a gwraig a theulu yn gyffredinol. Mae pob llwyddiant yn dibynnu ar gydweithio ac ar rannu cyfrifoldebau yn drefnus. Mae dynion sydd wedi llwyddo mewn busnes yn amlach na pheidio wedi priodi merched sy'n ymddiddori yn y maes ac felly yn gallu cynnig cefnogaeth a chyngor y tu ôl i'r llenni. Mae dynion llwyddiannus hefyd yn dueddol o beidio â dod â beichiau gwaith i'r aelwyd ac mae llawer ohonynt yn dweud fod eu hamser gyda'u teuluoedd yn gysegredig. Mae cadw at batrwm bywyd personol lle mae beichiau'n cael eu rhannu a'u cydnabod yn gamp anodd. Gwn mai dyma un o'm gwendidau personol amlycaf i a does neb i'w feio heblaw fi fy hun. Dylai bob unigolyn uchelgeisiol mewn gwaith a busnes gymryd golwg fanwl ar ei flaenoriaethau a bod yn onest ynglŷn â hwy mewn perthynas â'i deulu a'i ffrindiau agos.

Byw Busnes

Y cyswllt rhwng busnes a chwsmer

- Mwynhau eich hun mewn busnes

- Adnabod cwsmeriaid, adnabod pobl

- Pwy yw eich cwsmeriaid?

- Y cylch gwerthu

- Addysgu cwsmeriaid

- Sefydlu perthynas tymor hir gyda chwsmeriaid

Cyflwyniad i'r bennod

Mae pob dyn busnes yn treulio llawer os nad y rhan helaethaf o'i amser yn rhyng-gysylltu â chwsmeriaid. Mae llawer o wahanol nodweddion i'r cyswllt hwn ac mae'r amrywiaeth agweddau yn creu dolen allweddol sy'n hollbwysig wrth i'r busnes ddatblygu. Gall holl fywyd gwaith ambell un gael ei lywio gan y ddolen gyswllt hon. Yn y bennod yma hoffwn edrych ar bwysigrwydd y gyfathrach barhaol rhwng cwsmer a busnes yn gyffredinol gan roi un neu ddwy o enghreifftiau o 'mhrofiad personol fy hun. Mae arwyddair siop Macy's yn Efrog Newydd yn crynhoi pwysigrwydd y cwsmer i'r busnes mewn ychydig eiriau: 'Byddwch ym mhobman, gwnewch bopeth a sicrhewch fod y cwsmer bob amser yn rhyfeddu atoch.'

Pwysigrwydd mwynhau

Cyn dechrau rhoi pin ar bapur i ysgrifennu'r plethiad hwn o atgofion a ffeithiau, bûm yn darllen llyfrau ac ysgrifau o bob math am dwf busnesau, am ddulliau marchnata a gwerthu yn ogystal â darllen hunangofiannau unigolion sydd wedi llwyddo. Dros y blynyddoedd rwyf wedi bod yn amheus o werth cyrsiau astudiaethau busnes gan gredu na ellid dod yn entrepreneur heb fod yna ysfa gynhenid o'ch mewn i wneud hynny. Mae cyrsiau colegau a phrifysgolion yn gosod meysydd llafur sy'n orlawn o theorïau a chynlluniau, ystadegau a graffiau, dadansoddiadau ar farchnata a gwerthiant ac yn y blaen.

Er bod lle pwysig i'r pethau uchod (ac ni ellir gwadu fod yn rhaid i bob dyn busnes eu deall), teimlaf eu bod yn gallu taflu blaenoriaethau pwysicach i'r cysgodion gan beri inni ddiystyru'r elfennau hynny sy'n gwneud busnes yn hwyl ac yn bleser. O fewn pob busnes mae'n rhaid i bawb allu mwynhau. Os na allwn chwerthin a chael hwyl yna mae'n rhaid cwestiynu diben mynd i'r gweithle o gwbl. Mae'n rhaid i rywun sy'n rheoli ei fusnes ei hun wneud hynny a dal ati i wenu a chael hwyl ar yr un pryd. Os na fydd yn gwneud hynny yna bydd ei weithwyr yn bobl ddifflach, ddi-hwyl a difrwdfrydedd. Mae'r dynion mwyaf llwyddiannus yn profi hynny'n ddi-ffael. Mae'r broses o greu hapusrwydd yn ysbrydoli pawb sydd o'ch cwmpas i wneud eu gorau. Mae byw mewn gweithle lle nad oes hwyl a hapusrwydd yn diystyru bywyd. Fel hyn y dywedodd Aristoteles: 'Hapusrwydd yw ystyr a diben bywyd, dyma holl amcan a nod bodolaeth dyn.'

Yn ystod fy nghyfnod fel pennaeth adran hanes mewn ysgol uwchradd gallaf dystio imi fod yn hapus yno. Mae'r atgofion sydd gen i am chwerthin gyda phlant yn ystod gwersi yn rhai braf iawn. Mae plant yn ysbrydoli pobl ambell dro yn fwy nag y bydd pobl yn ysbrydoli'i gilydd. Bydd llawer o gyn-ddisgyblion yn dod ataf i brynu car neu'n dod i'r gweithdai i drwsio a chynnal a chadw eu ceir. Mae'r rhain yn ffrindiau imi bellach a phob amser yn f'atgoffa o'r hwyl a gawsom yn yr ysgol. Mae ganddynt atgofion am dynnu coes, am chwarae pêl-droed, am drefnu dawnsfeydd a phethau allgyrsiol eraill a hyd yn oed am gambihafio yn y dosbarth. Mae'n braf gwybod yn aml fod yr atgofion hyn yn bwysicach iddynt nag effeithiau Deddf Uno 1536 ar wleidyddiaeth yng Nghymru!

Fel ym mhob ysgol roedd carfanau o fewn y staff a oedd yn anfodlon eu byd. Tybiaf fod tuedd i weithwyr anfodlon borthi ei gilydd. Nid yw'r gweithwyr hyn yn sylweddoli bod y duedd hon yn debygol o'u gwneud yn fwy anhapus gan ei bod yn broses sy'n arwain at greu mwy a mwy o anfodlonrwydd. Yn ystod fy mlynyddoedd olaf yn fy swydd fel athro roedd y Cwricwlwm Cenedlaethol yn cael ei ffurfio ar ei newydd wedd. Golygodd hyn fod llawer o gyfarfodydd a thrafodaethau a mwy nag erioed o waith papur. Roedd mwy a mwy o gwyno yn yr ystafell athrawon, roedd yr hwyl yn dechrau diflannu o'r gwaith a chlywais lais yn dweud mai dyma'r amser i ymadael. Bu'r cyfnod olaf hwn yn garreg sylfaen llawn addysg i mi yn bersonol. Trin pobl yw un o brif sialensiau unrhyw ddyn busnes ac mae'n rhaid gwneud hynny drwy eu plesio a chael hwyl yn eu cwmni. Os nad oes hwyl yn y gweithle ac os nad oes hwyl yn yr ystafell staff, yna mae'n rhaid holi ac ystyried beth sydd o'i le. Mae unrhyw fath o weithle yn gorfod meithrin hapusrwydd. Cyfrifoldeb yr arweinwyr yw cynnal a lledaenu'r hapusrwydd. Ys dywed yr hen air: 'Diflas byw heb awr lawen.'

Pan ddechreuais ar fy nghwrs hyfforddi fel darpar athro ym 1977 derbyniais gyngor pwysig iawn gan fy hen fodryb 78 mlwydd oed, Meri Jones o Gwm Hermon, Meirionnydd. Dywedodd wrthyf fod angen imi ddysgu ennill pobl a phlant i'm hochr. Roedd hwn yn un o'r cynghorion doethaf a gefais erioed ond efallai y dylwn gyfaddef nad wyf wedi dilyn ei chyngor mor aml ag y dylwn.

Hoffwn gredu hefyd fy mod wedi dysgu bod yn llai beirniadol o gydweithwyr ar sail ei chynghorion. Yn bendant, fe ddeuthum yn llai beirniadol o blant o fewn fy nosbarthiadau yn yr ysgol. Drwy ddilyn ei chyngor, llwyddais i gael ymateb mwy cadarnhaol gan y plant oedd yn cicio yn erbyn y tresi.

Yn ôl seicolegwyr ac athronwyr mae unigolion hapus a llawen yn fwy tebygol o gynllunio i'r dyfodol. Os yw unrhyw fusnes neu sefydliad o fath yn y byd am lwyddo, ac am gryfhau dros y tymor hir, yna mae'n rhaid i'r arweinwyr a'r rheolwyr anelu at nodau newydd drwy greu cynllun. Nid oes rhaid i'r cynllun hwn fod yn ysgrifenedig ac mae'n bosibl y byddwch am newid eich cyfeiriad ambell dro ond mae'n rhaid bod yn awyddus i ehangu os yw busnes da i lwyddo. Pan fo busnes yn aros yn ei unfan, yna gall entrepreneuriaeth ddod i ben o fewn y busnes hwnnw. Nid wyf yn honni fod yn rhaid parhau i ymestyn ac ehangu. Os oes modd cynnal busnes fel ag y mae, a dal i gadw elfennau hapus a ffres oddi mewn iddo, yna mae hynny hefyd yn dderbyniol. Athroniaeth gyfalafol hunanol iawn yw'r un sy'n dweud ei bod yn angenrheidiol i chi ehangu a chynyddu yn barhaus, oherwydd gall ehangu olygu gwneud hynny er mwyn casglu mwy o gyfoeth ariannol ac nid cyfoeth ariannol yw prif gymhelliad gwir entrepreneuriaeth.

Mewn busnes sy'n gwasanaethu cymdeithas megis unrhyw fath o siop, warws, busnes adeiladu neu drwsio, busnes gwerthu ceir neu unrhyw gynnyrch arall, yna mae cyfran helaeth o'r gweithwyr yn dod i gysylltiad â chwsmeriaid. Mae'r cwsmeriaid yn allweddol i ddyfodol y busnes ac mae'n rhaid eu cadw'n hapus – yn llythrennol! Os yw eich cwsmeriaid yn cael hwyl wrth gyfathrachu gyda chi, yna maent yn llawer mwy tebygol o ddychwelyd. Ambell dro dros y blynyddoedd rwyf wedi wynebu'r profiad o golli cwsmer oherwydd fy mlerwch fy hun. Ar ôl cael y profiad o golli cwsmer, mae'n rhaid gofyn: 'Pam?'. Gall fod eich pris yn rhy uchel, y nwyddau heb ateb y gofynion, neu'r cwsmer yn methu canfod digon o arian. Un o'r prif resymau sut bynnag yw'r ffaith nad yw'r cwsmer wedi mwynhau'r profiad syml o fod gyda chi. Heb y pleser a'r mwynhad elfennol hwn bydd eich busnes yn llawer llai tebygol o ffynnu. Credaf fod pobl yn mwynhau dipyn o herian a thynnu coes. Mae pobl yn gyffredinol yn teimlo'r angen i chwerthin er nad ydynt bob amser yn credu hynny. Mae gwerthwr da yn seicolegydd o ryw fath. Mae'n rhaid iddo asesu'r cwsmer, ei bersonoliaeth, ei hiwmor a'i gymeriad cyffredinol mewn ychydig funudau.

Fel hyn y dywedodd Dale Carnegie, yr awdur Americanaidd o'r ganrif ddiwethaf: 'Pan fyddwch yn delio gyda phobl, cofiwch nad ydych yn delio gyda chreaduriaid o synnwyr ond creaduriaid o emosiwn.'

Adnabod cwsmeriaid a delio gyda phobl

Mae'n wir dweud fy mod i'n adnabod pobl fusnes llawer mwy galluog ac effeithiol na fi. Er hyn gwn fod gen i un ddawn gynhenid, sef y ddawn i werthu fy hun. Mae angen i bob entrepreneur feithrin y ddawn i werthu ei hun ac i werthu ei gynnyrch ac mae angen iddo allu gwneud hynny'n well ac yn fwy effeithiol nag unrhyw aelod arall o'i staff. Mae pob busnes llwyddiannus yn meddu ar weithwyr sy'n rhagori ar ei bennaeth mewn ambell gyfeiriad. Ond ni chredaf chwaith fod unrhyw aelod o dîm llwyddiannus yn fwy effeithiol fel gwerthwr neu farchnatwr na'r perchennog neu'r prif gyfarwyddwr ei hun. Heb werthiant, nid oes incwm ac mae parhad a ffyniant tymor hir unrhyw fusnes yn dibynnu ar werthiant.

Tra oeddwn yn gwerthu watsys digidol allan o gês lledr pan oeddwn yn fyfyriwr ar ddiwedd y 70au, dysgais drwy gamgymeriadau lu. Mae camgymeriad yn peri ichi ymddangos yn fethiant ac ambell dro yn ffŵl! Ond, ni ddaw neb i berffeithio'i grefft heb wneud camgymeriadau. Yn wir, mewn busnes rydych yn fwy tebygol o fod yn fethiant os nad ydych yn gwneud camgymeriadau. Un o'r camgymeriadau mwyaf nodedig a wnes oedd gwerthu rhai o'm nwyddau i unigolion a oedd yn debygol o wneud mwy o ddrwg nag o les i mi. Roeddwn yn gwerthu watsys digidol am ddeg punt yr un. Roedd y siopau yn eu gwerthu am hanner canpunt ac roeddwn yn gwneud dwy bunt yr un o elw. Roedd y teclyn newydd hwn yr un mor chwyldroadol ag 'i-phone' ein dyddiau ni. Fy nghamgymeriad mwyaf syml yn aml iawn oedd gwerthu'r oriawr i bobl oedd eisiau rhywbeth am ddim. Roedd canran helaeth o'r watsys yn torri yn ystod y misoedd cyntaf ac roedd gen i warant arnynt wrth reswm. Y broblem oedd bod ambell gwsmer yn anfodlon cael trwsio ei oriawr! Roedd ambell un yn mynnu cael un newydd well yn ei lle, ac yn fwy na hynny, yn pardduo fy nghynnyrch yn fy nghefn. Dysgais nifer o wersi syml ynglŷn ag adnabod cwsmeriaid drwy'r profiad hwn.

1. Mae rhai pobl nad ydych eu hangen fel cwsmeriaid. Mewn geiriau eraill, mae'n rhaid ichi ddewis peidio ag ymhél gormod â nhw. Mae hyn yn swnio'n hunangyfiawn ond dyna sut y mae pethau.

2. Mae'n rhaid ichi ddysgu ysgwyddo'r cyfrifoldeb os yw eich cynnyrch yn beth digon gwael. Mae'n rhaid dysgu peidio â chymryd beirniadaeth na chwynion yn bersonol a dysgu sut i droi cwyn yn rhywbeth adeiladol. Cyfrwng i'ch atgyfnerthu a chyfrwng i'ch addysgu yw pob cwyn yn eich erbyn, nid cam yn ôl ond cam ymlaen.

Yn gyffredinol, mae tua 85% o'n cwsmeriaid ni wedi bod yn gwsmeriaid da. Mae tua 10% o'r gweddill yn gwsmeriaid y gellir byw gyda hwy ond mae'r 5% arall yn gwsmeriaid y byddai wedi bod yn well arnom hebddynt.

Os ydych yn derbyn cwynion gan gwsmeriaid, mae'n rhaid ymchwilio i'r gŵyn. Os credwch fod bai ar aelod o'r staff, mae'n rhaid ei ddisgyblu. Mae'r profiad o orfod diswyddo unrhyw un yn brofiad anodd iawn; dyna pam mae'n rhaid penodi pob aelod yn ofalus iawn ac ar sail gwybodaeth a darlun cywir a chyflawn. Mae camgymeriadau yn gallu costio'n ddrud mewn busnes. Os na allwch feddwl nac ystyried y posibilrwydd y bydd yn rhaid ichi ddiswyddo rhywun rhyw ddiwrnod, yna ni ddylech ymgymryd â'r syniad o fod yn entrepreneur. Mae busnes yn un broses fawr sy'n llawn gwrthdaro; mae llawer o unigolion gydag 'egos' cryf a bydd yn rhaid dysgu delio gyda nhw. Mae hyn yn un o'r prif resymau pam mae rheoli busnes a gwerthu cynnyrch yn waith diddorol ac yn cyflwyno her newydd o ddydd i ddydd.

Gan fod cymaint o gyfathrebu rhwng pobl yn digwydd mewn busnes, mae'n rhaid mabwysiadu dulliau effeithiol o wneud hynny. Gellir gwneud hyn drwy siarad a chyfleu pwyntiau. Mae rhai cwsmeriaid ac aelodau o staff yn tueddu i beidio â datgan eu barn a'u safbwynt yn groyw ac yn syml. O ganlyniad i hynny maent yn siarad am eraill y tu ôl i'w cefnau ac yn barod i roi cyllell mewn cefn ambell dro. Bydd eraill yn barod i fynegi eu safbwynt yn syml ac yn hyderus yn eich wyneb, heb flewyn ar dafod. Mae llawer yn ei chael yn anos mynegi eu hunain yn yr ail ddull hwn.

Mae synnwyr cyffredin yn dangos mai'r ail ddull yw'r dull gorau o ymdrin â chwsmeriaid a staff ac â phobl yn gyffredinol. Mae'r ail ddull yn adeiladol ac yn clirio'r awyr; mae'r dull cyntaf yn ddinistriol, yn andwyol ac yn sicr o arwain at gymryd cam yn ôl yn hytrach na cham ymlaen. Os bydd cwsmer yn mynegi ei safbwynt yn eich wyneb rhaid ceisio gwerthfawrogi a gwrando ar yr hyn mae'n ceisio ei fynegi. Wrth gwrs, mae trydydd math o gyfathrebu yn gallu digwydd sef gwrthdrawiad (*confrontation*). Mae rhai pobl yn cael boddhad o wrthdaro yn erbyn eraill. Mae'r rhain hefyd yn bobl i'w hosgoi pa un ai ydynt yn weithwyr neu'n gwsmeriaid. Mae'n rhaid i ddyn busnes llwyddiannus ganolbwyntio drwy'r amser ar osgoi gwrthdrawiad ac osgoi'r sawl sy'n debygol o roi cyllell yn ei gefn.

Pwy yw eich cwsmeriaid?

Mae pob busnes llwyddiannus yn gorfod 'ecsbloetio' sectorau arbennig o'r cyhoedd fel prif ffynhonnell werthu. Unwaith y byddwch wedi dechrau gwerthu eich nwyddau neu eich cynnyrch, fe ddaw hi'n gliriach ichi at bwy y dylech anelu. Mae tuedd i lawer o fusnesau newydd anelu at werthu am y prisiau isaf. Mae hyn wedi bod yn wir yn fy achos i oherwydd credais bob amser yn ystod blynyddoedd cyntaf fy ngyrfa fusnes bod y gallu i werthu'n rhatach na'ch gwrthwynebwyr yn sicr o arwain at lwyddiant ac at wneud elw! 'Diwedd y gân yw'r geiniog,' meddai'r hen ddywediad. Fy nehongliad i o'r priod-ddull hwn oedd bod pob cwsmer yn y diwedd yn chwilio am y pris rhataf. Erbyn heddiw rwyf wedi dysgu nad yw hyn yn hollol wir.

Mae cymdeithas fodern yn llawer mwy cymhleth ei gwead ac mae pobl yn chwilio am fwy na'r 'fargen rataf'. Oherwydd nad oedd gen i fawr o arian yn ystod fy ieuenctid roedd popeth a brynwn i yn cael ei brynu ar sail ei bris. Dyma a wnaeth imi dybio fod yn rhaid i ddyn busnes ystyried fod pawb yn meddwl fel hyn. Dysgais yn raddol. Drwy werthu ceir rhad, roeddwn yn gwahodd ambell gwsmer gwael i mewn i'm busnes. Roedd y cwsmeriaid hynny yn dod ataf am un rheswm, sef i brynu fy ngheir oherwydd y pris. Cefais brofiadau anfelys wrth wneud hyn. Gwerthais nifer o faniau i ddynion oedd yn gweithio fel contractwyr o gwmpas Sir Fôn. Roedd llawer o'r rhain wedi dod i'r ynys dros dro. Llwyddais i wneud mymryn o elw drwy werthu faniau iddynt ond roeddwn yn cyfeirio fy amser a llawer o ymdrech at ddynion nad oedd ganddynt unrhyw barch na diddordeb ynof i fel unigolyn. Beth amser ar ôl imi ddechrau delio â nhw cafodd llawer o bethau eu dwyn oddi ar safle'r garej yng Ngaerwen. Yn ystod y nos y digwyddai hynny ac er imi dalu i gynyddu fy system ddiogelwch ar yr eiddo, nid oedd modd atal y dwyn na'r fandaliaeth a ddigwyddodd yn ystod y cyfnod hwnnw.

Bu'r golled ariannol a gefais bryd hynny bron yn ddigon i wneud imi benderfynu rhoi'r gorau iddi ond yn dilyn cyngor a gefais gan fy mam deuthum yn fwy penderfynol. Dysgais anelu'n uwch. Rhoddais y gorau i werthu faniau yn llwyr a dechreuais ganolbwyntio ar geir bychan cyffredin. Roedd y ceir hyn yn fwy newydd ac yn ddrutach ond daethant â chwsmeriaid mwy safonol imi. Deuthum i adnabod mwy a mwy o bobl newydd a daeth y bobl hyn i roi eu ffydd ynof. Roeddwn erbyn hyn yn gwerthu am brisiau cystadleuol ond yn gwerthu ceir o safon uwch ac yn cynnig gwasanaeth i gefnogi'r berthynas oedd yn datblygu rhyngof fi a'r cwsmer. Daeth y cwsmeriaid cynnar hyn yn ffrindiau da imi ac maent yn parhau i fod yn ffrindiau imi heddiw. Mae pob aelod o'm staff yn cael eu hannog i ddod yn ffrindiau â'u cwsmeriaid. Mae hyn yn arwain at berthynas tymor hir ac mae'n wir dweud fod pob busnes bychan yn gorfod anelu at hynny.

Nid yw siopau mawrion yn gallu cynnig y berthynas gynnes hon gyda chwsmeriaid. Rhifau yw pob cwsmer iddynt hwy ac oherwydd hynny ni all busnes mawr byth gynnig y manteision personol hyn sy'n esblygu rhwng y gwerthwr a'r cwsmer. Dyma pam mae hi'n dal yn bosib i fusnes bach gystadlu yn erbyn y busnesau mawr. Os yw busnes bach yn methu â chystadlu o ran pris, yna mae'n rhaid iddo ymdrechu i gynnig manteision gwahanol i'r cwsmer o ddydd i ddydd.

Os yw busnes bychan i weithio'n llwyddiannus mae'n rhaid iddo ganolbwyntio ar gynnal a chadw ei gwsmeriaid. Mae hyn yn bwysicach na chwilio am gwsmeriaid newydd drwy'r amser. Pan fydd busnes wedi mynd drwy gylchrediad o rai blynyddoedd yn gwasanaethu ei gwsmeriaid yna mae llawer llai o bwysau ar y perchennog a'i staff. Dyma'r cyfnod pan fydd modd dweud mai pleser pur yw bod mewn busnes.

Mae busnesau gwan yn tueddu i ganolbwyntio'u sylw ar chwilio am gwsmeriaid newydd neu ar greu cynnyrch newydd ar gyfer ehangu eu marchnad. Gall hyn fod yn gamgymeriad. Os ydych yn dawel eich meddwl fod eich cynnyrch yn safonol a bod eich cwsmeriaid yn rhai da yna nid oes raid ichi gynhyrfu na phoeni os yw'r busnes yn mynd drwy gyfnod cymharol ddistaw. Os ydych wedi adeiladu cylch o gwsmeriaid dros gyfnod o flynyddoedd, mae'n debygol y byddant yn dod yn ôl atoch. Fe ddaw cwsmeriaid newydd ychwanegol atoch heb ichi orfod gorymdrechu os ydych wedi gofalu am y cwsmeriaid sydd gennych eisoes. Mae dyn busnes da, fel ffermwr da, yn gofalu am ei braidd. Byddant yn dod i'r gorlan os byddwch yn gofalu amdanynt.

Dyma sut y mae'r cylch gwerthu yn gweithio'n llwyddiannus mewn unrhyw fusnes bach:

DENU CWSMERIAID
(y rhan fwyaf anodd)

GWERTHU

GWNEUD I'R CWSMER DDOD YN RHAN O'CH BUSNES AC
FELLY GWNEUD IDDO DEIMLO'N WERTHFAWR

ATEB GOFYNION A CHWYNION CWSMERIAID MEWN
FFORDD EFFEITHIOL

TROI POB CWSMER ANFODLON YN HAPUS A DIOLCHGAR

RHOI'R TEIMLAD I'R CWSMER EI FOD YN AELOD O
GLWB GO ARBENNIG

GOFYN A DYLANWADU AR EICH CWSMERIAID I GEISIO DOD Â
CHWSMERIAID ERAILL ICHI – GAIR DA (*WORD OF MOUTH*)

GWERTHU I'CH CWSMER ETO

AILADRODD Y CYLCH

Os yw eich busnes yn cael ei sefydlu ym mharthau gorllewinol Cymru neu mewn unrhyw ardal wledig, mae'n bosib y bydd dibynnu ar air da a chysylltiadau lleol yn fwy pwysig nag y buasai mewn busnes sy'n cael ei ddatblygu yn y dwyrain neu'r ardaloedd mwy trefol. Gan nad yw'r boblogaeth mor ddwys yn yr ardaloedd gwledig a gorllewinol, mae'r pwyslais personol yn bwysicach fyth. Gall hyn olygu na fydd eich busnes yn un sy'n cynhyrchu elw mawr ond oherwydd eich bod yn dod i adnabod eich cwsmeriaid yn dda, mae'n bosib y gallwch gael mwy o bleser personol nag a fuasech mewn busnes trefol (sy'n gallu datblygu i fod mor brysur fel na fyddwch chi'n cael cyfle i ddod i adnabod eich cwsmeriaid fel unigolion). Nid oes raid i ddyn busnes llwyddiannus ddod yn ariannog. Gall dynion busnes llwyddiannus iawn fod yn gymharol dlawd o safbwynt arian. Mae'n bwysig cofio nad yw cymdeithas yng Nghymru yn pwyso gymaint ar bwysigrwydd y gystadleuaeth i fod yn gyfoethocach. Mae'r duedd hon tuag at ariangarwch yn amlwg iawn yn y Taleithiau Unedig a Gorllewin Ewrop ac mae'n braf meddwl weithiau nad ydym yng Nghymru wedi llwyr ymgolli o fewn y gystadleuaeth fawr honno.

Addysgu cwsmeriaid er mwyn eu cadw

Yn ystod y broses o werthu bydd y gwerthwr yn amlach na pheidio yn sylweddoli bod cwsmeriaid yn anwybodus ynglŷn â sawl agwedd ar y cynnyrch y maent am ei brynu. Yng nghyd-destun gwerthu ceir ail law, fe ddaw'r anwybodaeth hwn yn amlwg yn gyson. Mae dyletswydd ar werthwr i addysgu ei gwsmer ynglŷn â phob agwedd ar y nwyddau sydd ar werth. Os yw'r gwaith yma yn meddu ar sawl agwedd dechnegol, fe all hyn olygu bod y dasg yn anodd. Bydd ambell gwsmer yn ymateb yn negyddol i gais gwerthwr i'w addysgu. Brawddegau fel hyn a glywir gan gwsmeriaid:

'Paid â phregethu; dwi'n gwybod fod popeth yn iawn.'

'Dwi'n cymryd dy air mai dyna y dylwn i fod yn ei brynu.'

'Dwi ddim eisiau araith. Gwna fo'n barod – mi ddo' i yma i dalu ac i'w nôl o fory.'

Nid yw derbyn y datganiadau hyn bob amser yn beth doeth i'w wneud. Rhaid mynnu bod cwsmer yn cael addysg ynglŷn â'r cynnyrch. Rhaid rhagweld y pethau hynny a all siomi cwsmer ar ôl iddo brynu'r nwyddau. Wrth werthu ceir ail-law mae llu o bethau a all achosi siom i'r cwsmer – cyflwr y gwaith paent, marciau ar y seddi, teiars yn dechrau dangos traul, marciau ar wydrau neu ar olwynion, teimlad wrth ddreifio yn wahanol i geir eraill ac yn y blaen.

Oni bai fod y gwerthwr yn dangos y gwendidau hyn yn ei nwyddau yna fe all drwgdeimlad ddatblygu yn nes ymlaen. Mae'n syndod i mi nad yw siopau, gwasanaethau proffesiynol (megis cyfrifwyr, penseiri a thwrneiod) yn rhoi mwy o bwyslais ar yr agwedd hon. Mae angen i'r cwsmer dderbyn gwybodaeth negyddol a chadarnhaol wrth brynu eich cynnyrch. Dros y degawd diwethaf mae mwy a mwy o fusnesau yn cyflawni'r gwaith hwn o wthio addysg a gwybodaeth ar eu cwsmer. Nid yw'n dderbyniol nac yn effeithiol gwrando ar gwsmer yn datgan nad yw 'eisiau gwybod y pethau hyn'. Mae'n rhaid i'r gwerthwr argyhoeddi'r cwsmer fod gwneud hyn yn rhan hanfodol o'r broses, yn enwedig pan fo'r pryniant yn golygu gwerthu rhywbeth sy'n costio llawer o arian.

Os bydd cwsmer yn penderfynu prynu ar ei union heb dreulio llawer o amser yn ystyried yr holl oblygiadau, yna mae'n rhaid i'r gwerthwr ei argyhoeddi i gymryd pwyll. Dros y blynyddoedd mae llawer o gwsmeriaid wedi diolch imi am ddweud wrthynt am beidio â phrynu ceir arbennig. Gall gwneud hyn atal gwerthiant ar y pryd ond yn y tymor hir mae'n gam llawer iawn mwy proffidiol. Er nad yw cwsmer bob amser eisiau gwrando ar eiriau gwerthwr, gall ddiolch amdanynt yn nes ymlaen. Mae'r gwerthwr effeithiol sy'n mynnu addysgu cwsmer hefyd yn mynd i deimlo mwy o 'fodlonrwydd gwaith' (*job satisfaction*). Gall y bodlonrwydd hwn beidio ag amlygu'i hun ar y pryd ond yn hwyr neu'n hwyrach fe ddaw i'r amlwg.

Mae rhai aelodau o'r hil ddynol yn fwy hoff na'i gilydd o wario arian. Tra bod hyn yn beth da i berchennog busnes, mae'n rhaid bod yn ofalus wrth werthu i'r unigolion hyn. Mae llawer o bobl yn fodlon arwyddo darn o bapur heb ystyried yr hyn a olyga. Dyna'n aml sy'n digwydd wrth i bobl brynu nwyddau gyda cherdyn credyd neu brynu nwyddau drwy gytundebau llogi arian (HP). Mae angen i'r gwerthwr gynghori'r cwsmer mewn achos fel hyn. Mae pethau fel canran llog (APR) yn aneglur i lawer iawn o gwsmeriaid. Dylid egluro bob amser faint o arian y bydd benthyciwr yn gorfod ei dalu'n ôl ar ben yr arian a fenthycwyd. Mae hyn eto'n dod â llwyddiant tymor hir i'r busnes oherwydd bydd y cwsmer yn sicr o werthfawrogi hynny yn y dyfodol. Os byddwch fel dyn busnes yn baglu a chlymu eich cwsmer (*'stitch up'!*) yna byddwch yn sicr o orfod talu'r pris am hynny yn nes ymlaen. Dysgais drwy'r camgymeriad hwn yn fuan iawn. Daeth llaw fawr o'r cymylau a chydio yn fy ngwar ar nifer o achlysuron. Rhaid osgoi hyn drwy fod yn agored, yn uniongyrchol ac yn onest gyda chwsmeriaid. Mewn geiriau eraill, rhaid mynnu eu haddysgu.

Sefydlu perthynas tymor hir gyda'r cwsmer

Mae system farchnata eich busnes neu eich adran werthiant yn allweddol i ddyfodol eich busnes. Er mwyn deall ac archwilio eich effeithiolrwydd wrth werthu, rhaid edrych yn ofalus ar werthiannau unigol. Mae pob gwerthiant un ai yn drafodiad (*transaction*) neu'n broses o greu perthynas.

Mae trafodiad yn canolbwyntio ar un gwerthiant ac felly ar y digwyddiad tymor byr. Mae hyn yn golygu mai achlysur unigol rhwng gwerthwr a chwsmer ydyw. Mae creu perthynas yn golygu llawer mwy o ymdrech. Erbyn heddiw mae saith o bob deg o'r ceir rydym yn eu gwerthu ym Methel yn cael eu gwerthu i bobl sydd wedi prynu gennym o'r blaen. Mae carfan helaeth o'r gweddill yn gwsmeriaid sydd wedi cael eu hanfon atom yn dilyn awgrym neu gyngor cwsmeriaid sydd wedi prynu gennym eisoes. Dyma'r sefyllfa sydd angen i bob busnes anelu ati. Mae gallu sefydlu patrwm fel hyn yn ddibynnol ar allu'r busnes i edrych i'r tymor hir ar bob gwerthiant. Felly bydd pob gwerthiant yn fuddsoddiad i'r dyfodol.

Ambell dro mae'n talu gwneud trafodiad heb ennill elw ariannol gan fod tebygolrwydd y bydd y cwsmer yn agor drysau newydd i'ch busnes. Ar sawl achlysur rydym wedi ceisio osgoi gwerthu ambell gar i ddarpar gwsmer. Y rheswm dros osgoi'r gwerthiannau hyn oedd ein bod am gadw ein llygaid ar y dyfodol. Os ydym yn tybio bod darpar gwsmer yn debygol o beidio â dychwelyd yr eilwaith i brynu gennym, yn aml byddwn yn atal rhag ymdrechu i werthu iddo, yn enwedig os yw'r car y mae'n bwriadu ei brynu yn gar prin a hawdd i'w werthu. Mae'r ffasiwn beth â balchder ac mae angen cadw ac amddiffyn balchder eich busnes. Byddaf yn meddwl am ein cwsmeriaid fel teulu estynedig sydd wedi cael stamp gennym ar fochau eu penolau. Mae cael gosod sticer 'CEIR CYMRU' ar ffenestr gefn y car sydd wedi ei werthu yn bwysig inni oherwydd balchder. Ambell dro byddaf yn sylwi fod cwsmer wedi tynnu'r sticer oddi ar y ffenest gefn ar ôl iddo brynu'r car. Efallai bod ganddo reswm penodol dros wneud hynny, ond i mi, mae'n rhyw fath o wrthodiad. Mae'n awgrymu nad oedd y cwsmer mewn gwirionedd eisiau prynu gennym ni yn benodol. Efallai bod naws rhy gyffredin ar ein busnes a bod y cwsmer hwnnw yn meddu ar elfen o snobyddiaeth.

Oherwydd fy malchder felly, mae'n bosib na fyddaf yn ymdrechu mor galed i werthu car yr eilwaith i'r cwsmer sy'n diarddel ein bathodyn. Mae dyn busnes da yn gorfod bod yn falch o'i gwsmeriaid ac felly'n dymuno iddynt fod eisiau prynu ganddo eto ac eto. Mae'r 'eisiau' hwn yn rhan hanfodol o'r broses o fod yn entrepreneur. Os oes arnoch *wir* 'eisiau' rhywbeth, byddwch yn gweithio'n galed iawn tuag at y nod o'i gael. Yn fy achos i, un o'r pleserau mwyaf y byddaf yn ei gael o'r busnes yw gweld y sticeri coch, gwyrdd a gwyn ar gerbydau rydym wedi'u gwerthu dros y blynyddoedd. Wrth i mi ysgrifennu'r geiriau hyn gallaf ddweud fod yr 'eisiau' hwn yn dal i lywio fy ngyrfa a hefyd fy ngobeithion tuag at y dyfodol.

Os oes arnoch chi 'eisiau' busnes, hynny yw, eich bod yn awchus am bob gwerthiant, yna mae'n rhaid ichi ganolbwyntio ar gadw eich cwsmeriaid yn hapus. Yn bwysicach fyth rhaid ichi ddymuno eu cael yn ôl ac yn ôl ac yn ôl. Mae cadw cwsmer a gwneud iddo fod eisiau prynu eich cynnyrch dro ar ôl tro yn allweddol. Bob tro y byddwch yn chwilio am gwsmer newydd mae'r gost yn cymryd rhan helaeth o'r elw oddi arnoch. Mae'n golygu mwy o ymdrech, mwy o farchnata, mwy o hysbysebu a mwy o amser. Gall gostio pum gwaith yn fwy i ennill cwsmer newydd nag yw'n gostio i gadw hen gwsmer.

Yn ddiweddar daeth cwsmer o Fôn ataf i brynu car. Wedi i'r fargen gael ei tharo, agorodd ei fag ac agorodd amlen gan ddweud: 'Edrychwch ar y rhain. Dyma bob anfoneb am bob car yr ydw i wedi'i brynu gennych. Mae deunaw ohonynt dros gyfnod o ugain mlynedd.'

Roedd y bil cyntaf am MG Montego ym 1988 a thros gyfnod o ugain mlynedd roedd y cwsmer wedi gwario ymhell dros gan mil o bunnoedd ar geir iddo ef a'i deulu! Roeddwn yn ymwybodol o'i deyrngarwch i'r busnes cyn gwerthu'r car arbennig hwn iddo a phob tro y byddwn yn gwerthu i gyn-gwsmer, rwy'n sicrhau ei fod yn prynu'r car am yr elw lleiaf posib. Dyma'r bobl sydd wedi rhoi'r busnes ar ei draed ac sydd wedi cynnal y busnes ar hyd y blynyddoedd. Os bydd y gwerthwr yn manteisio ar deyrngarwch prynwyr, yna gall golli'r elfen honno sy'n allweddol i'w barhad ac i'w ffyniant. Gall hefyd olygu colli cwsmer sydd bellach yn gyfaill personol. Ni ellir gorbwysleisio pwysigrwydd yr elfen hon. Os byddwch yn canfod yn sydyn eich bod wedi colli 'hen gwsmer', yna dylech ymchwilio'n fanwl a gofalus am yr union reswm pam y digwyddodd hynny. Rwyf wedi colli ambell un dros y blynyddoedd a phan fydd hynny'n digwydd mae'n archoll fron. Yn fy achos i rwyf wedi colli cwsg dros ddigwyddiadau o'r fath, nid oherwydd 'mod i wedi colli'r elw yn gymaint â'r ffaith 'mod i wedi bod yn esgeulus a difater. O dro i dro rhaid llenwi holiaduron, un ai'n ffurfiol neu yn eich meddwl. Rhaid gofyn a yw'r cwsmer wedi cael ei amddifadu a rhaid anelu at gywiro'r camgymeriadau. Ambell dro, mae'n talu penodi aelod o'r staff i ffonio ambell gwsmer a gofyn nifer o gwestiynau perthnasol iddynt gan gofnodi'r atebion yn ofalus a'u harddangos i aelodau eraill eich staff. Mae busnesau mawr yn gwneud hyn yn rheolaidd ond mae tuedd i fusnesau bach symud ymlaen i'r gwerthiant nesaf a rhoi'r rhai blaenorol i'r naill du. Mae buddsoddi mewn gwasanaeth o ansawdd i gwsmeriaid yn dod yn rhan annatod o waith a chynnydd pob busnes llewyrchus. Gellir edrych ar effeithiolrwydd eich gwasanaeth ar gyfer eich cwsmeriaid o dan y penawdau canlynol:

1. Y cyswllt cyntaf gyda'r cwsmer ac effaith eich staff ar y darpar gwsmer.

2. Addysgu'r cwsmer. A yw aelodau eich staff wedi rhoi digon o wybodaeth i'r cwsmer ynglŷn â phob agwedd o'r pryniant?

3. Dosbarthu'r cynnyrch i'r prynwyr. A yw'r cyflwyniad yn raenus a thaclus ac a yw'r amseriad yn drefnus a derbyniol?

4. Gwasanaeth ôl-werthu (*after-sales service*). Sut ydych chi'n cynnal, trwsio neu dderbyn nwyddau â nam arnynt yn ôl? Rhaid i gwsmer fod yn hollol hapus gyda hyn. Gall un cwsmer sy'n teimlo bod eich gwasanaeth ôl-werthu yn wael arwain at golli pymtheg o ddarpar-gwsmeriaid. Mae cwsmeriaid anhapus yn siarad â'u ffrindiau mewn mannau gwaith, mannau cymdeithasu, capeli a thafarndai! Gwn fod llawer o sefydliadau yng Ngwynedd lle mae carfanau mawr o bobl sy'n tueddu i brynu eu nwyddau gan nifer cyfyngedig o werthwyr! Ystyriwch oblygiadau gair da a gair gwael o fewn y sefyllfa hon.

5. Datrys problemau. Gwnewch yn sicr fod eich staff yn gwybod yn union, gam wrth gam, sut i ddelio â chwsmer sydd â phroblem, yn enwedig os yw'r broblem yn un eithaf difrifol.

Os gallwch edrych ar y pwyntiau uchod a dweud yn onest eich bod yn gwasanaethu eich cwsmeriaid yn effeithiol o dan y pum pennawd hyn, yna rydych yn haeddu canmoliaeth lawn. Dengys hyn eich bod yn ddiolchgar i'ch cwsmeriaid ac mae diolch yn hollbwysig mewn busnes. Mae diolch drwy weithredoedd yn creu amgylchfyd hapus rhwng y busnes a'r cwsmeriaid ac mae'n sicrhau bod y cwsmer yn dod yn ei ôl. O'r holl rinweddau sy'n hanfodol mae diolchgarwch o bosib yn bwysicach nag unrhyw un ohonynt. Fel hyn y dywedodd Cicero, awdur Lladin o'r ail ganrif: 'Y rhinwedd pwysicaf oll yw diolchgarwch ond hefyd dyma riant pob rhinwedd.'

Ysgol brofiad gwerthwr ceir

- Yr hen fusnes ceir 'ma

- Cyflwyno eich hun i'r cwsmer

- Selio'r delio

- Cyflwyno'r car i'r cwsmer

- Delio gyda galwadau ffôn

- Prynu stoc ar gyfer y busnes

- Prynu mewn arwerthiant

- Bod yn wybodus am yr hyn yr ydych yn ei werthu

- Wynebu'r gystadleuaeth

Yr hen fusnes ceir 'ma

'Mae pawb yn byw drwy werthu rhywbeth.'

Robert Louis Stevenson

Rwyf yn ddiolchgar, yn wir ddiolchgar, am un peth syml, sef y fraint o gael gwerthu adnodd mae pobl yn ei fwynhau ac yr wyf i fy hun yn ei fwynhau. Ar wahân i brynu eich cartref, gofynnwch i chi eich hun pa un peth arall yr ydych yn gwario arian sylweddol er mwyn ei gael? Mae llawer ohonom yn gwario mwy ar geir nag a fyddwn ar brynu ein cartrefi. Un llinell y byddaf yn ei defnyddio wrth geisio darbwyllo pobl i brynu car drud yn hytrach na chynilo arian i wario ar eu tai yw 'le, ond fedrwch chi ddim gyrru eich tŷ'.

Fel dilledyn, mae car yn ddatganiad ffasiwn i'r mwyafrif ac yn gyffredinol mae pob un ohonom yn hoffi bod yn ffasiynol. Dyma pam rwyf mor ffodus; rwy'n cael gwerthu 'teclyn steil', rhywbeth sy'n ymarferol bwysig a rhywbeth sy'n ddatganiad o safon fydol a phersonoliaeth rhywun yn gyffredinol. Mae'r holl filoedd o gwsmeriaid sydd â'u henwau a'u cyfeiriadau o fewn cloriau ein llyfrau stoc a'n cyfrifiaduron yn ddatganiadau unigol o'u chwaeth a'u steil personol. Gallwn draethu am oriau am nodweddion chwaeth gwahanol unigolion at geir, yn athrawon, twrneiod, gweithwyr llaw, gweinidogion, plismyn, gweithwyr o'r sector gyhoeddus ac yn y blaen. Diolch iddyn nhw i gyd am roi imi fy mara menyn ac efallai'n bwysicach, oriau o hwyl a chwmnïaeth. Wrth imi fwrw trem drwy enwau a chyfeiriadau ein cwsmeriaid gallaf ddweud yn onest nad oes mwy na thri neu bedwar y cant ohonynt yn bobl rydw i'n difaru eu tynnu i mewn i'r gorlan. Oes, y mae yna garfan fechan iawn ond ni ddywedaf pwy ydynt! Digon yw dweud eu bod yn garfan annifyr, ddi-serch a chrintachlyd. Gwaetha'r modd, nid oes troi'n ôl unwaith yr ydych wedi cytuno cyflawni sêl neu ddêl. Hyd yn oed os ydych yn rhoi arian yn ôl i gwsmer anfodlon, nid yw hynny'n cael gwared ar flas drwg oni bai eich bod yn gwybod bod y cwsmer hwnnw yn hollol fodlon ar ôl iddo gael dadwneud ei bwrcasiad.

Dros y blynyddoedd, deuthum yn ddyn busnes mwy positif.

Mae gallu gwneud hyn yn ddibynnol ar eich agwedd. Rhaid cynnal yr agwedd gywir drwy gydol yr amser. Heb yr agwedd gywir mae'n amhosib ichi fod yn unigolyn cynnes a hapus. Heb hynny bydd yn anoddach ichi fod yn ddyn busnes llwyddiannus. Gallwch reoli eich gweithredoedd a'ch meddyliau drwy gynnal yr agwedd gywir. Wedi dweud hynny, gallwch reoli'r canlyniadau bob amser. Ambell dro gall pethau fynd yn chwithig. Hyd yn oed wedyn gall agwedd bositif liniaru'r effeithiau a'r canlyniadau negyddol. Ambell dro gallwch gryfhau a gwella eich system a'ch personoliaeth drwy elwa ar y profiad hwn. I mi mae gwerthu ceir fel cymryd rhan mewn gêm. Beth am gymharu'r broses gyda gêm rygbi? Cewch eich baglu a'ch brifo, gallwch golli o drwch y blewyn, gallwch golli o gyfanswm uchel, ond gyda'r agwedd gywir, y ffitrwydd a'r dyfalbarhad bydd pob gêm yn broffidiol a byddwch yn unigolyn cryfach o ganlyniad i hynny. Ar un cyfnod, roeddwn yn chwarae pêl-droed yn aml ond pan sylweddolais fy mod i'n gallu cael yr un wefr a'r un boddhad o werthu ceir penderfynais mai dyma'r maes y byddwn yn canolbwyntio arno. Cefais gysur o'r ffaith fy mod i'n rhedeg ac yn ymarfer fy nghorff yn ystod cyfnodau prysuraf y ngwaith. (Gwaetha'r modd, nid wyf yn credu y byddai meddyg yn cytuno bod hyn yn ymarfer corfforol llesol.) Wrth gwrs, mae'n rhaid cadw cydbwysedd. Os credwch fod eich cyfansoddiad genynnol (genetic) yn ei gwneud yn anoddach i gadw'n gorfforol ffit yna mae'n rhaid ichi neilltuo amser i ymarfer. Mae'r un peth yn wir am eich iechyd meddyliol hefyd ac mae'n rhaid i'ch emosiynau gael gwared ar densiynau drwy newid byd bob hyn a hyn. Nid yw newid byd o angenrheidrwydd yn golygu mynd ar wyliau – gall fod yn newid syml iawn, sef cyflawni unrhyw beth gwahanol i'r arfer, gwneud rhywbeth sy'n rhoi pleser ichi.

Mae bod yn werthwr proffesiynol yn lled debyg i fod ar lwyfan. Y llwyfan yw'r man gwerthu o fewn eich busnes ac mae'r gynulleidfa'n mynd a dod drwy'r dydd. Rhaid gadael argraff a dylanwad ar bob trawiad a chyfle posib. Os ydych yn dangos brwdfrydedd, mae hynny'n heintus. Gall adael ôl adeiladol ar eich staff a hefyd ar eich cwsmer. Ambell dro byddaf yn cael diwrnod gwael (ambell un yn fwy nag yr hoffwn gyfaddef) a phan fydd hynny'n digwydd, yna gallaf ddifetha'r awyrgylch ac ni all hynny ond cael effaith andwyol ar y busnes.

Sylweddolais ar ôl rhai blynyddoedd fod yn rhaid i arweinydd tîm fod yn llawn bwrlwm ac os yw busnes yn wael a ninnau heb gyrraedd ein targedau gwerthu ac ambell un yn gofyn i mi 'Sut mae busnes?', yna byddaf yn ateb bob tro drwy ddweud 'Mae'n dderbyniol iawn' neu 'Mae tu hwnt i bob disgwyliad'.

Os gallwch greu sefyllfa bositif, er gwaetha'r ffaith eich bod ar y pryd yn gweld eich ffigurau gwerthiant yn siomedig, yna daw pethau'n well bob tro. Felly, nid celwydd yw dweud ei bod hi'n 'wych iawn', yn hytrach rydych yn gwybod fod yr wythnos nesaf o'ch blaen yn mynd i ddod â llewyrch i chi a'r busnes.

Nid oes cywilydd mewn methu ambell dro ond mae cywilydd mewn gwybod nad ydych wedi cyflawni popeth yn effeithiol o fewn eich gallu ac ar sail eich profiad. Pan fyddwch ar y llwyfan, gwnewch yn sicr eich bod yn canolbwyntio ac yn defnyddio pob cyfrwng sydd o fewn eich cyrraedd i ennill eich cwsmer.

Mae seicolegwyr a chymdeithasegwyr wedi profi bod unigolion yn gwneud cymaint ag wyth penderfyniad o fewn cyfnod o ddeg eiliad. Mewn busnes ac wrth werthu, rhaid inni fod yn ymwybodol o hyn drwy gydol yr amser. Cymerwch y sefyllfa hon, er enghraifft:

Mae cwsmer nad ydych yn ei adnabod yn dod mewn i'ch llwyfan gwerthu ac rydych yn ei gyfarch am y tro cyntaf. Mae'n hollbwysig fod y cyfarchiad cyntaf hwn yn taro deuddeg. Dyma fydd yr argraff gyntaf a gaiff cwsmer o'ch personoliaeth, o'ch proffesiynoldeb ac o safon eich busnes. Bydd y cwsmer yn sylwi ar eich gwisg, eich diwyg, eich gwên a hyd yn oed eich didwylledd. Efallai bod hyn yn swnio'n anhygoel ac yn ysgubol, ond rwyf yn gwybod o brofiad ei fod yn wir. Mae'r cwsmer, heb fod yn ymwybodol o hynny ei hun, wedi penderfynu ai atoch chi y dylai ddod i wario ei arian, a hynny mewn ychydig o eiliadau. Yn ystod y munudau nesaf, bydd y cwsmer yn ceisio cadarnhau ei ddeimladau cynharaf. Mae cyswllt llygaid uniongyrchol, ysgwyd llaw gafaelgar a'r ffordd y byddwch yn eu holi am eu henwau, eu cyfenwau a'u cefndir oll yn ychwanegu at eich gobeithion o allu gwerthu iddynt. Tybed sawl gwaith yr ydych chi wedi methu closio at rywun oherwydd y ffordd y mae'n ysgwyd eich llaw neu'r ffordd y mae'n edrych yn swta i'ch llygaid?

Gyda llaw, mae'n werth nodi yma, yn ystod y broses o ddelio mewn busnes, bod rhai o nodweddion y Cymry Cymraeg yn wahanol i rai pobl ddi-Gymraeg. Nid dweud yr wyf fod un garfan yn well na'r llall ond sylwais fod pob Cymro'n amlach na pheidio yn gwerthfawrogi agosatrwydd. Pan oeddwn yn ddeg ar hugain mlwydd oed deuthum i arfer galw pobl saith deg mlwydd oed wrth eu henwau cyntaf os oeddynt yn siarad Cymraeg. Roedd hi'n fwy effeithiol galw'r di-Gymraeg wrth eu cyfenwau ac felly rhoddais y gorau i'r arferiad o gyfarch y rhai hynny yn ôl eu henwau cyntaf. Mae hyn o bosib yn cadarnhau fod gwahaniaeth cynhenid yn y modd y mae'r ddwy garfan yn trin pobl a thrin busnes. Ni ddylid cyffredinoli'n ormodol ar y mater hwn ond mae yna batrymau y gellir sylwi arnynt gyda phrofiad ac amser. Un o'r nodweddion unigryw hynny sy'n perthyn i'r Gymraeg yw'r defnydd a wneir o'r rhagenwau 'ti' a 'chi' (*pronouns*). Mae'r ddau air yn cael eu cyfuno gan yr un '*you*' yn Saesneg. Yn y Gymraeg, mae'r ddau air yn cyfleu gwahanol fath o barch ac agosatrwydd ac mae dyn busnes doeth yn gwybod sut a phryd i ddefnyddio'r ddau air. Mae ein defnydd o iaith ac arddull yn allweddol bwysig wrth ddelio gyda chwsmer a chydaelodau o staff. Yn bersonol, credaf fy mod wedi meistroli'r dechneg o ddefnyddio'r rhagenwau 'ti' a 'chi' yn fuan yn ystod fy ngyrfa fel athro. Bu fy mlynyddoedd o brofiad fel athro yn gymorth mawr imi yn y cyfeiriad yma gan fod modd gwneud defnydd amrywiol ac adeiladol o'r geiriau 'ti' a 'chi' a 'tithau' a 'chithau'!

Cyflwyno eich hun i'r cwsmer

Wedi i werthwr ei gyflwyno ei hun i'r cwsmer mae'n dechrau ar broses o wrando a hefyd o addysgu'r cwsmer. Rhaid dangos i'r cwsmer mai'r bwriad yw gwasanaethu ac ateb ei holl ofynion. Wrth werthu cerbyd ail law, dylid ysgrifennu manylion y cerbyd ar bapur, awgrymu nifer o wahanol gerbydau a rhoi gymaint ag sydd bosib o fanylion ynglŷn â'i nodweddion a'i bris ar y papur.

Dyma'r ffordd o wneud i'r cwsmer deimlo'n gyfforddus ond rhaid bod yn ofalus rhag dechrau ymddangos yn bregethwrol. Dylai'r tîm gwerthu drafod eu harddull ymysg ei gilydd a bod yn barod i dderbyn beirniadaeth gan aelodau eraill o'r tîm.

Byddaf yn mwynhau gwylio gwerthwr da wrth ei waith. Mae'n brofiad pleserus. Dyma wendid ein sector gyhoeddus yn aml iawn. Nid yw'n rhoi digon o bwys ar ddysgu sgiliau gwerthu ac nid yw'n gwerthfawrogi pwysigrwydd y cwsmer. Rwy'n sicr eich bod wedi cael y profiad o gael eich trin fel rhif ac nid fel person wrth ddisgwyl eich tro i weld meddyg neu wrth geisio cael sylw mewn adran damweiniau mewn ysbyty. Gall deng munud deimlo fel hanner awr pan na fydd fawr o gwrteisi na sylw personol yn cael ei ddangos tuag atoch yn y dderbynfa.

Mae'n rhaid i werthwr llwyddiannus roi ar ddeall i'r cwsmer y gall ymadael heb brynu unrhyw beth. Drwy wneud hynny does dim pwysau wedi'i roi ar y prynwr ac mae'n debygol iawn – os nad yn sicr – o ddod yn ôl atoch ar ôl iddo astudio'r farchnad yn gyffredinol.

Wrth sgwrsio gyda chwsmer am y tro cyntaf mae'n hollbwysig i'r gwerthwr ddod i adnabod y prynwr yn bersonol. Mae'r sgil hon yn allweddol mewn meysydd eraill heblaw busnes. Mae prifathro a rhiant, meddyg a chlaf, plismon ac aelod o'r cyhoedd i gyd yn gorfod dysgu'r un sgiliau cyfathrebu.

Dyma rai o'r cwestiynau y dylai gwerthwr ceir proffesiynol eu gofyn. Efallai y gallwch lunio cwestiynau cyfochrog a fyddai'n gweddu yn eich gwaith chi:

A yw'r cerbyd newydd yn angenrheidiol?
A yw'r cerbyd yn ddathliad neu anrheg o unrhyw fath?
I bwy mae'r cerbyd? (Cofiwch y bydd dylanwad y wraig yn amlwg bob tro.)
Pa offer, taclau a dewisiadau personol sy'n bwysig iddynt?
Pa liwiau maent yn hoff ohonynt?
Pa ddefnydd a wneir o'r cerbyd?

Byddwch yn sylwi nad yw'r rhestr gwestiynau hon yn holi faint mae'r cwsmer yn fwriadu ei wario. Mae hwnnw'n gwestiwn na ddylid ei ofyn yn uniongyrchol oherwydd daw'r ateb i'r amlwg drosto'i hun. Os oes rhaid gofyn, gofynnwch drwy ddechrau â'r geiriau:'Ydach chi'n meindio taswn i'n gofyn ...?'

Mewn geiriau eraill, gwnewch yn siŵr eich bod yn cynnal sgwrs o ansawdd uchel a bod eich cwestiynau'n cael eu dewis i asesu gwerth pethau yn hytrach na phris pethau. Gadewch i'r pris neu'r gwariant misol amlygu ei hun yn raddol yn sgil y cwestiynau eraill. Bydd iaith lafar y cwsmer yn ogystal â'i ystum yn datgelu popeth y bydd arnoch angen ei wybod. Buan y dowch i wybod a yw'r cwsmer yn debygol o brynu a buan hefyd y dowch i wybod pa gar y bydd am ei brynu. Dyma ysgol brofiad y gwerthwr.

Wrth ddwyn y ddêl tua'i therfyn mae'n bwysig gofyn i'r cwsmer a oes ganddo amheuon neu unrhyw amodau y mae am eu gosod. Gwnewch hyn cyn rhoi pris cwbl derfynol. Gallwch roi mymryn o ddisgownt os yw'r lliw yn llai apelgar neu os yw'r taliadau misol fymryn yn uchel. Y mae yna felly gyngor i'r prynwr hefyd. Os ydyw am gael y pris gorau posib ni ddylai ddweud fod pob nodwedd yn plesio. Dylai ddweud fod rhai elfennau o'r car yn ei siomi. Drwy wneud hyn bydd y cwsmer yn sicrhau'r pris gorau posib.

Selio'r delio

Wrth i'r broses o werthu gyrraedd tuag at ei therfyn bydd y gwerthwr yn gwybod ei fod yn agos at ennill y ddêl. Dyma ddechrau'r broses o dawelu meddwl y prynwr. Mewn geiriau eraill mae'n rhaid ei sicrhau a'i gysuro; rhaid rhoi ar wybod iddo ei fod yn gwneud penderfyniad doeth. Y gair Saesneg yw *'reassure'*, sef 'gwneud yr hyn sy'n iawn'. Mae'n rhaid i'r cwsmer wybod ei fod yn gwneud y peth iawn ac mae'n rhaid i'r gwerthwr wybod fod y cwsmer yn cymryd y cam cywir ac felly'n prynu'r hyn y dylai ei brynu. Yn aml byddaf yn defnyddio'r frawddeg 'Ydach chi am ei brynu o?'.

Allan o'i gyd-destun gall hwn swnio'n gwestiwn bygythiol, ond os yw'n cael ei ofyn ar yr adeg gywir, ar ôl i'r cwsmer gael digon o gyfle i bwyso a mesur, yna mae'n gwestiwn call ac amserol. Mae'n rhaid i bob gwerthwr ofyn y cwestiwn hwn i'w gwsmeriaid. Er bod rhai yn dweud eu bod am brynu cyn i'r gwerthwr ofyn y cwestiwn, y gwir yw fod y mwyafrif llethol o gwsmeriaid yn ymatal neu fod y gwerthwr wedi gofyn y cwestiwn sawl gwaith. Yn aml bydd yn rhaid gofyn rhwng tair a chwe gwaith cyn selio'r ddêl.

Ar ôl i'r cwsmer ddweud pethau fel 'Mi gymeraf y car os gnewch chi'r pethau hyn ...', yna rydych yn gwybod fod modd selio'r ddêl. Dim ond cribinio drwy'r manylion a chyfaddawdu ar rai amodau sydd ar ôl. Mae cwsmeriaid yr unfed ganrif ar hugain yn llawer mwy soffistigedig na chwsmeriaid y cyfnod blaenorol. Mae'n rhaid eu trin â gofal a gofyn yn barchus iddynt am eu cwsmeriaeth a'u busnes.

Dyma focs a rhestr o flychau ticio. Os ydych mewn busnes neu os ydych yn bwriadu cychwyn busnes manwerthu o unrhyw fath, defnyddiwch focs tebyg i hwn. Yn bersonol, byddaf yn cadw un yn fy meddwl ac yn aml iawn yn darganfod nad wyf yn ticio'r bocsys. A fedrwch chi lwyddo i wneud y pethau canlynol?

• Defnyddio cyfarchion yn effeithiol	
• Gosod eich bwriadau'n drefnus	
• Cyflwyno eich adnoddau'n ddeniadol	
• Dangos yn eglur bod ansawdd yn bwysig i chi	
• Dilyn ymholiadau darpar gwsmeriaid	
• Ennill ymddiriedaeth cwsmeriaid	
• Bod yn annwyl a hoffus yng ngolwg cwsmer	
• Prisio eich nwyddau'n ofalus a chywir	
• Prisio eiddo'r cwsmer yn ofalus a chywir	
• A yw'r gwasanaeth ôl-werthu yn effeithiol?	
• A yw'r berthynas ôl-werthu yn gynnes?	
• A yw'r gwaith papur yn dderbyniol?	

• A ydych yn cyflwyno a dosbarthu'r adnodd yn y diwedd yn dderbyniol?	
• A yw'r cyflwyniad pen diwethaf yn cyrraedd y safon uchaf posib?	

Cyflwyno'r car i'r cwsmer

Mae busnesau sy'n gwerthu nwyddau neu gynnyrch yn dibynnu ar ddau gam neu ddigwyddiad allweddol wrth werthu. Y cam cyntaf yw'r gwerthiant ei hun a'r ail gam yw cyflwyno'r cynnyrch neu'r nwyddau i law'r prynwr. Waeth beth fyddwch yn ei werthu, mae'n rhaid i'r prynwr fwynhau a bod yn gwbl fodlon a hapus pan fydd yn derbyn yr hyn mae wedi'i brynu. Gall hyn gynnwys prynu pethau amrywiol fel carpedi, dodrefn, offer i'r tŷ neu gar ail-law.

Dylai derbyn y car fod yn bleser pur. Mae'r prynwr wedi edrych ymlaen yn awchus at dderbyn ei gar newydd. Dyna pam y daeth i'r garej yn y lle cyntaf. Dros y blynyddoedd, rwyf wedi cymryd rhan bersonol yn y cyflwyno hwn dros ddeng mil o weithiau ac rwy'n dal i fwynhau'r profiad – oni bai ein bod ni fel cwmni wedi anghofio neu wedi bod yn esgeulus wrth baratoi'r car ar gyfer diwrnod y cyflwyniad. Mae gennym 'restr archwilio' ar gyfer bob car sydd wedi'i werthu ac mae gennym system syml i sicrhau bod popeth ar y rhestr wedi'i gyflawni'n drylwyr. Ambell dro byddwn yn anghofio cyflawni rhywbeth a bydd hynny'n arwain at ddwrdio a ffraeo o fewn y rhengoedd!

Rydym yn cwblhau'r gwerthiant drwy eistedd gyda'r prynwr, gwneud y gwaith papur perthnasol ac egluro rhai manylion am y car: cyfarwyddiadau, taclau (*gadgets*) a'i ragoriaethau cyffredinol. Byddwn yn cael hwyl wrth wneud hyn. Yn amlach na pheidio bydd y cwsmer wedi bod yn edrych ymlaen ers dyddiau at yr achlysur a chawn ninnau rannu ei lawenydd.

Mae eich bywoliaeth, eich llwyddiant a pharhâd eich busnes yn dibynnu ar brofiad y prynwr. Rhaid cymryd amser a gofal wrth gyflwyno eich cynnyrch neu nwyddau. Gall cyflwyniad gwael sicrhau na fydd y cwsmer yn dychwelyd atoch eto ond gall cyflwyniad da wneud i weddill ei deulu ddod atoch. Rydym yn hoffi meddwl fod pob cwsmer sy'n dod atom yn ymuno â theulu mawr. Pan fydd car yn gadael yr iard yn nwylo'i berchennog newydd, mae'r sticer coch, gwyn a gwyrdd ar ei ffenestr ôl yn arwydd o hynny.

Ambell dro bydd cwsmer yn mynegi ansicrwydd ar y funud olaf. Mewn geiriau eraill bydd yn poeni a yw'n gwneud y peth cywir. Mae'n rhaid rhoi tawelwch meddwl i'r cwsmeriaid bob amser; mae'n rhaid iddyn nhw wybod eu bod wedi prynu'n ddoeth ac mae'n rhaid rhoi gwên ar eu hwynebau. Mae tynnu coes yn hwyl. Cofiwch ei bod yn ffaith gydnabyddedig fod dros dri chwarter y ddynoliaeth yn cael mwynhad wrth dynnu coes. (Wrth gwrs, mae'n rhaid i'r gwerthwr wybod sut i fod yn gynnil â'i hiwmor ambell dro!)

Delio â galwadau ffôn

Mae gen i restr hirfaith o bethau sy'n mynd ar fy nerfau o ddydd i ddydd. Rwy'n greadur diamynedd ac mae'n gas gen i sefyll mewn ciw am fwy na phum munud. Gwendid yn hytrach na rhinwedd yw hyn, wrth gwrs. Un peth arall sy'n mynd o dan fy nghroen yw clywed pobl yn gwastraffu amser ar y ffôn. Yn ystod oriau gwaith, teclyn ar gyfer hwyluso'r gwaith yw'r teliffon ac mae clywed pobl yn siarad am y tywydd ac am yr hyn sydd i swper heno, i mi, yn wastraff amser ac egni. Efallai eich bod yn anghytuno.

Mewn busnes mae'n rhaid i'r ffôn gael ei ddefnyddio'n effeithiol ac yn adeiladol. Pan fydd darpar gwsmer neu gwsmer sydd eisoes yn prynu gennych yn eich ffonio, dangoswch gymeriad, gwyleidd-dra ac awdurdod. Dylai'r cwsmer wybod eich enw chi a dylech chithau wybod enw eich cwsmer. Does 'na ddim byd gwaeth na chlywed rhywun yn gorffen sgwrs ffôn ac wedyn yn methu dweud beth oedd enw'r sawl y bu'n siarad ag o.

Mae pob sgwrs ffôn yn fuddsoddiad ac yn gyfrwng i gynyddu effeithiolrwydd y busnes ac mae hefyd yn rhan o'r broses o gael hwyl. Mae dod i adnabod pobl yn gallu bod yn brofiad pleserus a phan fydd cynhesrwydd yn datblygu mewn sgwrs, yna mae gennych obaith gwerthu a gobaith creu cwsmer bodlon. Mae dysgu a chofio enwau yn hollbwysig. Mae anghofio enw yn gallu brifo teimladau. Dysgais hyn yn gynnar fel athro ac mae cyn-ddisgyblion ysgol yn gwsmeriaid imi heddiw yn y garej.

Arferwn osod fy nisgyblion yn yr un ddesg neu gadair ar ddechrau'r flwyddyn ysgol. Yna, byddwn yn gwneud map o'r dosbarth ac yn cadw map o'r enwau a'r lleoliadau yn nrôr isaf fy nesg. Bob tro roeddwn am gyfarch neu siarad efo disgybl a minnau'n methu cofio'i enw byddwn yn estyn yn sydyn am y map yn ddistaw. Byddai'r gyfathrach rhyngof i a'r disgybl yn gwella a'r berthynas rhyngom yn cryfahu wrth imi gofio'u henwau.

Gall defnyddio galwad ffôn er mwyn dod i adnabod ac i greu argraff ar gwsmer arwain at ymweliad ganddo. Ni allwch werthu dim byd yn llwyr ac yn effeithiol ar y ffôn ond gallwch osod y llwyfan yn daclus. Gwerthu eich cymeriad eich hun fyddwch chi ar y ffôn. O ganlyniad i hynny cewch gyswllt â'r cwsmer a byddwch wedi creu apwyntiad ar gyfer y dyfodol.

Yn nes ymlaen, os byddwch wedi gwerthu ond heb glywed gan y cwsmer am rai misoedd ar ôl iddo dderbyn ei gynnyrch (car yn ein hachos ni), ffoniwch am sgwrs fer er mwyn gweld sut mae'r cerbyd yn plesio. Mae cadw cysylltiad yn medru talu ar ei ganfed!

Prynu stoc ar gyfer y busnes

O'r holl wahanol agweddau ar fusnes, yn ôl fy mhrofiad i, y 'prynu i mewn' yw'r profiad mwyaf pleserus. Nid yw pob busnes yn prynu ar yr un raddfa am mai asiantaeth neu wasanaeth neu fusnes cynhyrchu ydynt. Golyga hyn fod rhai busnesau yn treulio cyfran helaeth o'u hamser yn trafod a chwilota am y deunydd mwyaf addas am y prisiau mwyaf rhesymol.

Os byddwch yn prynu am bris rhy ddrud gall olygu na fyddwch yn gallu gwneud elw ac os nad ydych yn gwneud elw ni allwch obeithio cadw'r busnes ar ei draed. Os ydych yn un sy'n hoffi chwilio am fargen mewn siop ac yn cymharu ansawdd a chynnyrch gwahanol siopau, yna gall hyn olygu eich bod yn brynwr da. Os gallwch fynd i siop a llwyddo i ostwng y pris yn is na'r pris gofyn, yna rydych yn brynwr gwell fyth. Gallwch brynu'r defnyddiau a'r adnoddau ar gyfer eich busnes drwy archebu a thrafod y pris gyda'r gwneuthurwr neu gallwch brynu drwy gynnig ysgrifenedig (megis tendro) neu hyd yn oed drwy brynu o dan y morthwyl mewn arwerthiant. Mae'r we bellach wedi agor drysau newydd i brynwyr ac mae modd mewnforio nwyddau a thrafod gyda gwerthwyr ar draws y byd mewn e-fasnach ryngwladol.

Prynu ceir yw fy maes i felly mi ehangaf ar fy mhrofiadau personol. Cyn penderfynu prynu unrhyw nwydd, yn enwedig os ydych am greu elw o'r pryniant, mae'n rhaid sicrhau bod yr ansawdd yn dderbyniol. Mae car yn atodiad ffasiwn yn ogystal â bod yn gerbyd ymarferol felly mae'n rhaid ichi fod yn ymwybodol o'r hyn y mae'r cwsmer yn ei hoffi, o ran lliwiau, trugareddau, a steil ac arddull cyffredinol. Mae 'na gar ar gyfer pob unigolyn. Dyna pam mae cwmnïau fel Ford er enghraifft yn cynhyrchu ugain gwahanol fath o'r Ford Fiesta cyfredol.

Wrth archwilio unrhyw nwydd ail-law mae'n rhaid bod yn ofalus ac yn wybodus yn y maes. Gallwn ysgrifennu pennod gyfan ar wendidau dirgel ceir ail-law ond mater gwahanol yw hynny. Digon yw dweud hyn: peidiwch â phrynu pethau cymhleth oni bai eich bod wedi trwytho eich hun ym mhob agwedd o'u gwneuthuriad. Mae'n cymryd amser a phrofiad i adnabod eich cynnyrch ac mae hyn yn arbennig o wir yn achos ceir ail-law. Wrth ganfod y gwendidau mae'n rhaid ichi gyfrifo'r gost o ddarparu'r cerbyd ar gyfer y farchnad. Gall y gost o wneud hyn fod yn bum cant o bunnoedd ac felly mae'n rhaid sicrhau fod y pris prynu yn caniatáu ichi wario'r hynny cyn ystyried gwneud elw.

Wrth brynu, mae'n rhaid cael agwedd hyderus sy'n seiliedig ar wybodaeth drylwyr o'ch maes. Yn y pen draw, gêm o fewn bywyd yw prynu a gwerthu ond gan fod sgileffeithiau'r gêm ynghyd â'r canlyniadau mor bellgyrhaeddol, bydd yn rhaid ichi fod yn feistr ar eich crefft. Os byddwch yn prynu drwy drafod wyneb yn wyneb, mae dewis eich geiriau yn allweddol bwysig. Mae'n rhaid ichi fod yn feirniadol o'r hyn y mae'r gwerthwr yn ceisio'i werthu ac eto mae'n rhaid ichi wneud i'r gwerthwr eich hoffi ar yr un pryd. Drwy ddefnyddio plethiad o hiwmor a gwybodaeth mae modd gwneud hynny. Dylech ddangos eich bod yn gallu prynu'r un peth am yr un pris, os nad yn rhatach, gan gyflenwyr eraill ond mae'n rhaid ichi wneud hynny gan ddweud y byddai'n well gennych chi brynu ganddo ef. Cynigiwch bris is a dywedwch nad ydych mewn gwirionedd eisiau ei brynu ond dywedwch ar yr un pryd ei bod hi'n bosib y byddwch yn prynu rhywbeth tebyg yn rhywle o fewn y dyddiau nesaf. Peidiwch â gadael i'r gwerthwr gael gormod o amser i feddwl – dyma'r allwedd i ennill y gêm ac i sgorio'r gôl olaf.

Prynu mewn arwerthiant

Dyma ddrama'r prynu ar amrantiad. Hon yw'r gêm anoddaf ond hon yw'r gêm ddifyrraf. Ar ôl deg mlynedd ar hugain o grwydro arwerthiannau, rwyf i a'm brawd yn dal i gael gwefr o wneud hyn a bydd 'nghalon yn curo'n gynt pan fyddaf yn y cylch gwerthu. Roeddwn yn arfer mynychu arwerthiannau gwerthu faniau gyda 'nhad pan oeddwn yn ddeuddeg oed ac rwy'n tybio fod y profiad hwnnw wedi gadael 'ocsiwneitis' yn fy ngwaed. Cyn cynnig neu 'fidio' ar gar mae'n rhaid gwneud tipyn o waith astudio. Astudio'r car ac astudio'r wynebau sydd o'i gwmpas. Mae llawer o'r arwerthiannau y byddaf yn mynd iddynt yn rhai ar gyfer prynwyr gyda cherdyn pasport arbennig yn unig. Golyga hyn na chaiff y cyhoedd yn gyffredinol fod yn bresennol. Dim ond prynwyr proffesiynol o fewn y proffesiwn ceir gaiff ddod i 'arwerthiant caeëdig'. Mae'r gêm yn anoddach pan fyddwch yn chwarae yn erbyn pobl broffesiynol. Mae modd dysgu drwy ddarllen wynebau. Mae pob ystum a symudiad oddi allan ac oddi mewn i'r cylch gwerthu yn datgelu gwybodaeth os gallwch ddarllen y sefyllfa'n iawn.

Mae llawer o arwerthiannau yn cael eu cynnal yn fyw ar y we erbyn hyn a bydd lluniau byw o'r cylch gwerthu yn cael eu harddangos yn fanwl. Nid yw'r tensiwn mor amlwg yn y sefyllfa hon ac mae'n bosib na fyddwch yn gallu prisio mor gywir oherwydd y pellter sydd rhyngoch a'r nwydd yr ydych am ei brynu. Mewn geiriau eraill, mae'n haws gwneud camgymeriad. Mae camgymeriad mewn ocsiwn, boed hynny wrth brynu cwpwrdd, buwch neu gar yn gallu bod yn gamgymeriad drud. Rwy'n hoffi meddwl bod gen i gyfrinachau gwerthfawr ynglŷn â'r dulliau gorau o brynu o dan y morthwyl ond nid wyf am eu datgelu i gyd. Dyma un bach syml. Os byddwch yn bidio am rywbeth ac yn ymwybodol fod y bidio ar fin cyrraedd at ei derfyn, ataliwch rhag rhedeg mwy na 6 bid yn erbyn un unigolyn. Os yw pawb arall o'r darpar brynwyr wedi tynnu allan ers 6 bid, yna rydych wedi mynd 5 cam, neu 5 bid, yn fwy na gwir werth masnachol yr hyn sy'n cael ei werthu. Mater o farn yw hyn wrth gwrs, ond mae'n llinyn mesur defnyddiol a gall eich achub rhag gwneud camgymeriad drud.

Bod yn wybodus a chywir am yr hyn yr ydych yn ei werthu

Pan ddechreuais werthu nwyddau megis watsys a chasetiau ceir, roeddwn ambell dro yn methu gwerthu fy nwyddau oherwydd y ffaith syml nad oeddwn i'n gwybod digon am yr hyn yr oeddwn i'n geisio ei werthu. Buan y mae prynwr yn asesu faint y mae'r gwerthwr yn ei wybod wrth iddo holi ac asesu'r deunydd sydd ar werth. Ni all gwerthwr sy'n brin o wybodaeth lwyddo i drosglwyddo hyder y cwsmer yn ei gynnyrch. Mae ar bob prynwr angen gwybod bod y sawl sy'n gwerthu yn 'gwybod ei stwff', yn enwedig os yw'r deunydd sy'n cael ei werthu yn golygu gwario cryn dipyn o'i arian ei hun neu arian y sawl y mae'n ei gynrychioli.

Pan ddechreuais werthu ceir, sylweddolais yn raddol fy mod yn llwyddo i werthu'n effeithiol oherwydd fy mod yn gwybod llawer am yr hyn yr oeddwn yn ei werthu. Roedd y fagwraeth a gefais yn y garej yng Nglasfryn ynghyd ag amrywiol ddigwyddiadau yn y gweithdy wedi dysgu llawer imi. Roedd fy ngwybodaeth am dechnoleg ceir yn fwy cyflawn a thrylwyr nag yr oeddwn wedi'i sylweddoli. Erbyn heddiw, mae'n rhaid imi gyfaddef fod y datblygiadau syfrdanol diweddar yn gallu cael y blaen arna i ond drwy gael pobl ifanc frwdfrydig a deallus o'm cwmpas rwy'n gallu goresgyn y broblem hon. Dyna pam mae'n rhaid buddsoddi mewn gweithwyr da. Mae un ffaith yn eglur i mi bellach – rwyf wedi llwyddo i sefydlu busnes llwyddiannus am lawer o resymau ond y prif reswm mae'n debyg yw'r ffaith fod gennyf gymaint o wybodaeth am geir o bob math a hefyd bod gennyf ddealltwriaeth dda o sut y mae'r farchnad yn gweithio a beth yw gwerth ceir unigol o dan y morthwyl. O dan y morthwyl, ceir gwir werth a phris ariannol popeth dan yr haul. Dyma'r pris uchaf y mae'r cyhoedd yn fodlon ei dalu, felly dylai'r marchnatwr neu'r dyn busnes sy'n prynu er mwyn gwerthu dalu'r pris uchaf. Rhaid iddo astudio ac asesu'r prisiau ac anelu bob amser at brynu'r nwyddau fymryn o dan eu gwerth.

Mae pob gwerthwr gwerth ei halen yn byrlymu o wybodaeth am yr hyn y mae'n ei werthu ond nid yw hyn yn golygu y dylai foddi ei brynwr mewn môr o ffeithiau. Mae modd bod yn gynnil ac mae modd ateb cwestiynau yn gryno a ffeithlawn. Mae'r gallu i werthu'n effeithiol gen i am fy mod yn gwybod a yw car ail-law yn un da ac yn werth ei bris. Petaswn i'n ceisio gwerthu cyfrifiaduron mae'n debyg y byddwn yn aneffeithiol oherwydd bod fy ngwybodaeth yn annigonol. Gofynnwch i mi a yw eich car wedi bod mewn damwain neu a yw ei rannau mecanyddol mewn cyflwr derbyniol a byddaf yn gallu rhoi ateb trylwyr i chi. Mae gennyf hyder a ffydd yn fy ngallu fy hun yn ogystal â gallu'r bechgyn sy'n gweithio yn y cwmni a bu hyn yn garreg sylfaen i'r busnes a sefydlais. Heb yr wybodaeth angenrheidiol, ni fyddai'r hyder hwn gennyf. Dyma sylfaen fy musnes. Fy her bellach, a minnau yn fy mhumdegau, yw dal ati i addysgu fy hun er mwyn parhâd y busnes.

Wynebu'r gystadleuaeth

> Peidiwch ag arddel y camargraff bod modd llwyddo i ffynnu drwy ddinistrio eraill.
>
> Marcus Cicero

Mae'n wir dweud bod cystadleuaeth o fewn bywyd a busnes yn beth iach. Fe all cystadleuaeth gynnal a gwella safon pob gwasanaeth a phob cynnyrch. Mae hefyd yn wir dweud bod cystadleuaeth yn gallu dangos dyn ar ei waethaf. Mae'n rhaid i ddyn busnes ganolbwyntio arno ef ei hun a'i effeithiolrwydd ef ei hun. Pan ofynnwyd i'r gantores fyd enwog Céline Dion yn ddiweddar a oedd hi'n sylweddoli ei bod hi'n un o'r cantorion mwyaf poblogaidd yn y byd, ei hateb oedd: 'Nid wyf yn cystadlu ag unrhyw un arall ar wahân i mi fy hun. Fy nod yw bod yn well na 'mherfformiad blaenorol.'

Mae llawer o awduron busnes yn datgan bod rhaid trechu gelynion a gwrthwynebwyr mewn busnes. Dyma, yn y pen draw, yw egwyddor ganolog cwmnïau enfawr fel Tesco, Marks and Spencers a B&Q ond wrth gwrs, buasent hwy eu hunain yn dadlau i'r gwrthwyneb. Fy nghred i yw fod busnesau bychain yn sicr o ffynnu a pharhau ar ôl dyddiau'r busnesau casgliadol (*conglomerates*) mawr. Ar hyd y canrifoedd, mae cymdeithas wedi profi fod y pethau bach personol yn bwysicach yn y pen draw na phethau mawr amhersonol. Rydym oll wrth ein boddau pan welwn Dafydd yn rhagori ar Goleiath.

Pan oeddwn yn dechrau gwerthu ceir deuthum i adnabod y farchnad drwy astudio hysbysebion papurau newydd a thrwy yrru heibio modurdai lle'r oedd ceir ar werth (gyda'r nos, ar ôl amser cau). Treuliais oriau meithion yn gwneud hyn a'r gwir yw fy mod yn dal i wneud hyn heddiw ond heb fod mor frwd a thrylwyr yn fy ngwaith ymchwil bellach. Nid trechu'r gwrthwynebwyr oedd fy mwriad ond addysgu fy hun er mwyn gwella ansawdd fy musnes!

Hoffwn feddwl nad ydw i wedi dymuno dim drwg i'm gwrthwynebwyr yn y busnes gwerthu ceir ond ar yr un pryd, mae'n rhaid imi gyfaddef fy mod i eisiau rhagori arnynt. Rwy'n cael boddhad mawr o wybod bod pentrefi ac ardaloedd cyfan yng ngogledd Cymru wedi eu britho â sticeri Ceir Cymru ond byddaf yn ceisio cadw llygad ar y darlun ehangach. Mae 'na deisen fawr i'w rhannu a chael sleisen fechan ohoni fu fy nod, nid ei meddiannu i gyd. Gall y gymdeithas a'r economi yng Nghymru ffynnu'n fwy effeithiol drwy greu rhwydwaith o fusnesau bychain a'r rhai hynny'n plethu drwy'i gilydd. Unwaith y bydd busnesau mawr yn monopoleiddio unrhyw farchnad, gall eu hawydd am lwyddiant droi i fod yn drachwant ac felly ceir sefyllfa lle bydd unigolion yn gorelwa a hynny ar raddfa uwch na'u haeddiant. Wrth i fusnesau dyfu, mae'r hierarchaeth yn colli golwg ar bwysigrwydd yr unigolion a gall hyn arwain at wneud penderfyniadau yn gyfan gwbl ar sail elw ariannol. Golyga hyn y daw newid yn nulliau'r busnes o gystadlu â busnesau eraill ac felly gall elfennau o dwyll a chamymddwyn ddod i'r amlwg.

Pan oeddwn yn sefydlu fy musnes ar ddechrau'r 1980au treuliais oriau yn astudio busnesau llwyddiannus oedd yn gwerthu ceir a nwyddau tebyg i'r hyn yr oeddwn i am eu gwerthu. Dyma gyfnod dechrau archfarchnadoedd ceir ail-law bron yn newydd (*nearly-new*). Roedd dau gwmni gwerthu yn Lloegr wedi datblygu'n sydyn. Un oedd Fords of Winsford a'r llall oedd Motorhouse of Cannock. Arferwn fynd i arwerthiannau ceir yn Brighouse a Measham ac wrth sylwi ar yr hyn oedd yn digwydd yn y cylch gwerthu ac o gwmpas safle'r ocsiwn deuthum i adnabod yr unigolion oedd yn prynu'r ceir ar ran y cwmnïau hyn. Ffermwr a drodd yn werthwr ceir oedd Vernon Ford, dyn gwylaidd distaw a phreifat. Roedd ei wylio ef a'i feibion wrth eu gwaith yn addysg fawr imi. Dysgais lawer oddi wrth bobl amlwg yn y maes a dysgais yn yr un modd wrth sylwi ar fusnesau eraill a weithredai yng Ngwynedd.

Gwelais yn fuan fod bwlch yn y farchnad. Fu hi erioed yn uchelgais gennyf i greu archfarchnad geir o'r fath gan fy mod yn teimlo bod hynny'n groes i egwyddorion fy magwraeth. Ambell dro byddaf yn ystyried y posibiliadau sydd ar gael i ehangu yng ngogledd Cymru. Does dim dwywaith fod modd sefydlu archfarchnad geir lwyddiannus yma bellach oherwydd y cysylltiadau trafnidiaeth a ddatblygodd ar hyd yr arfordir ond byddai'n rhaid cyflogi llawer o weithwyr di-Gymraeg a newid naws gartrefol y busnes. Mae'n rhaid i ddyn busnes neu arweinydd unrhyw sefydliad benderfynu beth yn union sy'n dod â hapusrwydd i'w fywyd ac yn fy achos i mae cael y fraint o weithio ymysg pobl debyg i mi fy hun yn fwyniant pur. Cyflwynodd y prifardd Llion Jones yr englyn hwn i'n cwmni. Pedair llinell sy'n dwyn bodlonrwydd i mi wrth eu cofio:

I garej a'i cheir rhagorol – yn rhes
   a'i phrisiau'n rhesymol,
   a'r trafod mor gartrefol,
   fe wn i y dof yn ôl.

Fy nod yw byw yn y gobaith mai dyma sut y gwêl y mwyafrif o'n cwsmeriaid ni. Os gallwn gynnal yr amcanion a grybwyllir o fewn yr englyn hwn nid oes rhaid poeni'n ormodol am gystadleuaeth. Bydd y busnes yn cynnal ac yn gwella ei hun drwy ganolbwyntio ar gadw safonau ac ar osod amcanion a fframwaith cadarn.

Dyddiadur wythnos waith gwerthwr ceir ym mis Tachwedd 2008

- Cyflwyniad i'r dyddiau

- Dydd Sadwrn

- Dydd Sul

- Dydd Llun

- Dydd Mawrth

- Dydd Mercher

- Dydd Iau

- Dydd Gwener

Dyddiadur wythnos waith ym mis Tachwedd 2008

> Eich bywyd yw eich celfyddyd. Rydych wedi gosod eich hun i
> fiwsig. Eich dyddiau yw eich sonedau.
>
> Oscar Wilde

Roeddwn i'n arfer gweithio saith niwrnod yr wythnos.
Gwneuthum hyn yn rheolaidd o'r cyfnod pan oeddwn tua
phump ar hugain mlwydd oed hyd nes oeddwn yn bedwar deg
wyth. Nid wyf yn ymfalchïo yn y ffaith hon. Wrth fwrw golwg dros
f'ysgwydd, rwy'n credu mai camgymeriad oedd gwneud hynny o
safbwynt sawl agwedd ar lwyddiant mewn bywyd a gwaith yn
gyffredinol. Ers chwe blynedd bellach rwy'n neilltuo un
penwythnos o bob dau i gyflawni goruchwylion eraill yn ogystal
ag i fwynhau a segura. Nid gorchest yw gweithio oriau meithion,
ond gwendid. Mae'r gallu i fod yn ddarbodus gydag amser yn
grefft arbennig ac er mwyn ymgymryd â'r her yn effeithiol, rhaid
gofalu eich bod yn neilltuo peth amser ar gyfer cynnal y
gwerthoedd eraill sy'n dod ar wahân i'ch gyrfa mewn gwaith neu
fusnes.

Yn y bennod hon rwyf wedi cofnodi dyddiadur o 'mhatrwm
gwaith yn ystod mis Tachwedd 2008. Mae'n cynrychioli wythnos
gyffredin yn fy mywyd. Fe all y darllenydd ddefnyddio'r
dyddiadur byr hwn sy'n dilyn fel astudiaeth enghreifftiol. Caiff
ystyried y gwendidau yn fy amserlen ac efallai hefyd ystyried y
rhinweddau – os oes modd canfod rhai! Mae'n eithaf posib y
bydd y darllenydd yn gallu uniaethu â rhai elfennau o'r patrwm
ac y bydd rhai o'r digwyddiadau yn taro nodyn cyfarwydd.

Dylwn nodi fod mis Tachwedd yn fis cymharol ddistaw o
safbwynt prysurdeb a gwerthiant yn y farchnad geir ail-law. Mae
hynny'n wir hefyd am fisoedd Rhagfyr ac Ionawr. A hithau'n
gyfnod o arafwch economaidd eithaf trawiadol, mae'n rhaid imi
gyfaddef hefyd bod ein ffigyrau gwerthu yn llai llewyrchus nag
arfer dros gyfnod gaeaf 2008/09. Wedi dweud hynny, mae'r
patrwm a'r amcanion yr ydym yn anelu at eu cynnal yn parhau'r
un fath ag y byddant yn ystod unrhyw flwyddyn arall.

Rwyf am ddechrau'r dyddiadur wythnos ar ddydd Sadwrn a

gorffen ar y dydd Gwener canlynol. Oherwydd patrwm a datblygiad gwaith yn ein busnes ni a'r ffordd mae'r tîm gwerthu yn trefnu'r wythnos, mae dechrau ar ddydd Sadwrn yn fwy synhwyrol. Gobeithiaf fod y cronicl byr yma yn arddangos fod wythnos mewn busnes yn ddifyrrwch ac yn gelfyddyd y gellir ei meistroli, fel yr awgrymodd Oscar Wilde.

Dydd Sadwrn

Mae dydd Sadwrn yn ddiwrnod gwaith pwysig iawn. Dydd Sadwrn yw diwrnod gwerthu pwysicaf yr wythnos i ni ond o safbwynt patrwm a rwtîn, mae'n ddiwrnod ar wahân i weddill yr wythnos. Mae'r gweithdy'n cau am un o'r gloch heddiw ac fel arfer dim ond dau o'r pedwar gwerthwr sy'n gweithio. Ambell dro, bydd un ychwanegol yn ymuno yn ystod y prynhawn. Yn ystod yr haf a hithau'n dywydd braf, bydd prynhawn dydd Sadwrn yn brysur iawn. Rydym yn anelu at werthu rhwng 5 a 10 o geir ar y diwrnod hwn.

Mae pedwar o geir sydd eisoes wedi'u gwerthu yn cael eu cyflwyno i gwsmeriaid yn ystod y bore. Byddwn yn ceisio peidio â chyflwyno ceir i gwsmeriaid yn y prynhawn er mwyn rhoi ein holl sylw i'r cwsmeriaid sy'n dod i ymweld ac i ystyried prynu. Mae cyflwyno car i gwsmer ar ôl iddo ei brynu yn waith pwysig gan ein bod yn ceisio egluro rhai o nodweddion y car i'r perchennog newydd. Yn aml cawn gryn dipyn o hwyl wrth wneud hynny a cheisio gwneud i'r cwsmer deimlo'n falch a bodlon ynglŷn â'r hyn y mae wedi'i brynu. Ar y bore arbennig hwn mae dynes sy'n agos at ei phedwar ugain oed yn derbyn VW Polo bron yn newydd ac yn naturiol mae'n rhaid inni dreulio mymryn mwy o amser nag arfer yn ei chwmni. Gall rhoi sylw arbennig i anghenion personol unigolion fod yn broffidiol iawn yn y tymor hir gan y bydd aelodau eraill o deulu'r cwsmer hwnnw yn sicr o werthfawrogi'r sylw y mae'r cwsmer yn ei gael. Mae pawb bron yn dweud hanes y prynu ar ôl mynd adre! Os bydd y cwsmer yn gallu cynhesu at y gwerthwr a'i ystyried yn rhywun amyneddgar, annwyl a gonest, yna bydd hynny'n sicr o dalu ar ei ganfed i'r busnes yn y tymor hir.

Yn ystod y prynhawn cawsom tua deuddeg o ymweliadau a llwyddo i werthu pedwar car. Ceir diesel diweddar oedd y pedwar a dau ohonynt yn VW Golf TDi. Rydym yn ymdrechu i werthu pethau a fydd yn hawdd eu gwerthu eto yn y dyfodol pan fydd y cwsmer yn dod yn ei ôl i'w cyfnewid. Mae llwyddiant y Sadyrnau y byddwn yn eu hwynebu ymhen tair blynedd yn ddibynnol ar ddulliau gweithredu'r Sadyrnau presennol.

Un dasg fach bwysig y byddaf yn ymgymryd â hi ar bnawn Sadwrn fydd clirio 'mhocedi! Mae gen i system gyntefig iawn o gadw trefn ar fy meddyliau ac ar flaenoriaethau'r wythnos sydd i ddod. Mae gweithredu'r system yn ddibynnol ar ddwy boced fy nghrys. Mae gan bob un o'm crysau ddwy boced! Yn fy mhoced chwith byddaf yn cadw darnau o bapur ac arnynt fanylion pethau y mae arnaf angen delio â hwy dros y dyddiau nesaf. Yn fy mhoced dde, mae darnau o bapur yn nodi'r pethau rwyf wedi dechrau delio â hwy ers rhai dyddiau. Byddaf yn treulio chwarter awr ar ddiwedd bob prynhawn Sadwrn i aildrefnu fy system ffeil boced a thaflu'r mymryn nodiadau yr wyf wedi gorffen delio â nhw. Efallai bod hon yn system amaturaidd ac arwynebol ond gan fy mod yn canolbwyntio ar gofio manion yn ddyddiol, bydd ysgrifennu rhywbeth ar bapur a'i gadw mewn poced crys yn ffordd o sicrhau nad aiff y mater yn angof. Fel hyn y dywedodd yr awdur David Allen, sy'n uchel ei barch oherwydd ei syniadau mewn byd busnes: 'Unwaith yr wythnos adolygwch bob un o'ch prosiectau yn ofalus ac mewn cymaint o fanylder ac sydd angen ichwi ei wneud. Os gwnewch hyn, bydd eich systemau'n gweithio. Os na wnewch hyn, ni fydd unrhyw un o'ch systemau yn gweithio.'

Dydd Sul

Mynd i'r gwaith erbyn un ar ddeg y bore. Ein harferiad yw agor o un tan bump ar ddydd Sul ond oherwydd ei bod hi'n gyfnod eithaf distaw yn gyffredinol ar y gwerthu ar hyn o bryd, mae gofyn gwneud mwy o ymdrech nag arfer. Rhwng un ar ddeg ac un o'r gloch daeth nifer o ddarpar gwsmeriaid i'r garej. Pan oeddwn newydd sefydlu 'musnes, arferwn agor am ddeg ar y Sul ond deuthum i gredu'n raddol y gallai'r 'cwsmeriaid dydd Sul' ddod i ymweld ar amseroedd gwahanol os ydynt o ddifrif. Yn yr hinsawdd bresennol, sut bynnag, rwy'n credu bod yn rhaid bod yn barod i fuddsoddi egni ac amser ychwanegol er mwyn hyrwyddo gwerthiant.

Heddiw cefais dâl am yr ymdrech. Llwyddais i werthu dau gar cyn i'r bechgyn eraill ddod i'r gwaith am un o'r gloch. Roedd un o'r ddau gwsmer yma wedi dod o Gaergybi. Mae'n amheus a fyddai hwn wedi teithio dri chwarter awr o Gaergybi i Fethel am yr eilwaith.

Yng ngogledd-orllewin Cymru mae llawer o fusnesau wedi cau ar ddydd Sul. Yn Lloegr a'i dinasoedd mae dydd Sul yn ddiwrnod pwysig i fusnes. Petai pawb yn mynd i'r capel a'r eglwys, buaswn yn derbyn bod cyfiawnhad dros gau'r giatiau, ond nid felly mae pethau yn y Gymru gyfoes, ac o ganlyniad mae cyfle yn cael ei golli. Daeth siopa cyrion trefi (*out of town shopping*) yn boblogaidd ar y Sul ym mhobman. Eironi a thristwch y sefyllfa hon yw bod trefi bychain Cymru wedi colli busnes ac wedi rhoi cyfle i estroniaid elwa ar draul ein ceidwadaeth. Beth sydd o'i le ar weithio, yn ogystal ag ystyried mynd i'r capel ar y Sul? Mae modd cyflawni'r ddau beth heb golli gormod o chwys.

Ar y dydd Sul arbennig hwn, roedd llawer o ymwelwyr yn y garej ac fe lwyddasom i werthu llond het o geir. Gall dydd Sul fod yn wastraff egni gan fod llawer o'r ymwelwyr yn rhai sydd wedi dod 'am dro'. Mae gwerthwr profiadol yn gallu adnabod y math hwn o ymwelydd ond ni ddylid ei gymryd yn ysgafn na'i ddiystyru. Fe all rhoi sylw a gwneud dipyn bach o ffŷs ohono dalu ar ei ganfed rywdro eto yn y dyfodol. I mi, gall pnawn dydd Sul distaw yn y garej fod yn gyfle i sgwrsio, i drafod ac i ddod i adnabod darpar gwsmeriaid newydd. Rydym wedi arfer gwneud hyn bellach a rhywsut neu'i gilydd mae dydd Sul yn ddiwrnod busnes da. Ni allaf gofio un dydd Sul dros y degawd diwethaf lle rydym wedi methu gwerthu unrhyw gar o gwbl. Mae methu gwerthu car i ddarpar gwsmer yn debygol o ddalu mewn rhyw ffordd mewn cyfnod pellach ymlaen cyn belled â'ch bod wedi ymddwyn yn ddidwyll a phroffesiynol fel gwerthwr wrth ymdrechu i ennill y busnes. Daw geiriau Abraham Lincoln i gof: 'Af ati i baratoi, rhyw ddydd fe ddaw fy nghyfle.'

Gall prynhawniau Sul pan nad oes ond dau neu dri ohonom yn gweithio fod yn llawn her. Mae gwaith symud ceir, parcio, egluro, cyflwyno ac argyhoeddi. Golyga hyn fy mod ar y dydd Sul hwn wedi mynd adref yn flinedig iawn am bump o'r gloch ond ar yr un pryd yn eithaf bodlon ar yr hyn yr oeddwn wedi'i gyflawni. Rhaid imi gyfaddef fy mod i'n blino'n haws yn ddiweddar a 'mod i ar brydiau yn eiddigeddus o egni'r tri gwerthwr ifanc sy'n gweithio wrth fy ochr.

Y prynhawn Sul yw agoriad yr wythnos i mi. Mae'n cynnig cyfle i osod sylfaen ar gyfer patrwm gwaith yr wythnos sydd o'm blaen. Mae'r prynhawn Sadwrn blaenorol hefyd yn cynnig ei hun i'r un diben. Os nad ydym yn llwyddo i werthu cryn dipyn o'n cynnyrch rhwng un o'r gloch brynhawn Sadwrn a phump o'r gloch brynhawn Sul, yna mae'n gosod pwysau seicolegol arnom i werthu'n galetach dros y dyddiau nesaf. Pan fyddwn yn gwerthu'n galed (sef yn cyflawni '*hard sell*'), rwy'n teimlo nad ydym ar ein gorau o safbwynt rhoi'r cyngor a'r cyfarwyddyd tecaf a mwyaf proffesiynol i'n cwsmeriaid. Diolch i'r drefn, nid wyf i na'r bechgyn yn gorfod gwthio ein cwsmeriaid i gornel. Gan amlaf maent yn prynu'n hapus a bodlon a hynny o'u pen a'u pastwn eu hunain yn llwyr.

Dydd Llun

I'r rhan fwyaf ohonom, dydd Llun yw diwrnod cyntaf yr wythnos waith. Fel hyn y disgrifir bore Llun gan Charlotte Brontë (awdur y nofel Jane Eyre): '*When all who have work wake with the consciousness that they must rise and betake themselves thereto.*'

Mae wythnos o waith mewn busnes mân-werthu a gwasanaethu ar hyn o bryd fymryn yn wahanol i'r hyn a fu'n nodweddiadol o'r patrwm cyffredinol dros y degawd diwethaf. Y rheswm amlwg am hynny yw bod pawb yn gorfod delio â gwasgfa gyffredinol mewn arferion ariannol a chredyd. Dyma ddechrau wythnos o dan gysgod y *credit crunch* felly.

Rwy'n cyrraedd fy swyddfa (sydd bob amser angen ei thacluso) am ugain munud wedi wyth. Mae Robat, y rheolwr busnes, yma o fy mlaen ac wedi treulio chwarter awr yn gosod gwaith a thasgau i'r technegwyr yn y gweithdy. Mae'n gwneud hynny drwy lenwi'r dyddlyfr gwaith sydd bob amser yn agored ar ochr cownter y dderbynfa i'r gweithdy. Er bod dipyn o'r gwaith wedi ei osod dros ddyddiau blaenorol, megis y gwaith gwasanaethu ar gyfer cerbydau cwsmeriaid lleol, mae'r rhan fwyaf o'r gwaith yn waith paratoi cerbydau sydd wedi'u gwerthu dros y penwythnos. Gall hyn, ambell dro, olygu bod angen paratoi mwy na dwsin ohonynt ar gyfer eu cyflwyno ymhen rhai dyddiau i'r cwsmeriaid unigol. Bydd penwythnos brysur yn golygu bod dau os nad tri o ddyddiau cyntaf yr wythnos yn cael eu neilltuo ar gyfer y gwaith o baratoi'r cerbydau yn ôl y gofynion angenrheidiol. Byddaf yn trafod y gwaith hwn gyda Robat (sy'n rheoli popeth – gan fy nghynnwys i'n bersonol!). Mae ei feddwl trefnus a'i brofiad maith (o fod wedi gwneud hyn dros gyfnod o ddegawd) yn golygu bod yr wythnos yn dechrau ar y nodyn cywir. Ar y bore Llun arbennig hwn mae saith o gerbydau i gael eu paratoi yn y gweithdy ac mae'r pedwar sy'n gyfrifol am y gwaith yn barod i gychwyn am hanner awr wedi wyth. Mae pawb mewn hwyliau da ac ar ôl sgwrsio a thrafod uchafbwyntiau'r penwythnos maent yn gafael ynddi.

Rwy'n ffodus bod gen i dîm bodlon a hapus. Anaml y bydd geiriau croes rhyngddynt ac mae cadw'r undod hwn yn allweddol i effeithiolrwydd a hapusrwydd y gweithle. Mae clywed Alun yn canu un o ganeuon Tom Jones wrth roi prawf MOT ar un o'r ceir yn arwydd eglur imi fod yr wythnos yn dechrau ar y nodyn cywir (er nad ydi o'n gallu canu!). Rhwng 8.30 a 10.00 y bore bydd y tîm gwerthu yn trafod y rhestr ysgrifenedig o'r ceir sydd wedi'u gwerthu gan roi sylw i'r manion sydd angen eu cyflawni. Golyga hyn fod Sion ac Eifion yn gorfod trefnu cofrestru, trethu a pharatoi dogfennau ariannol megis anfonebau a chytundebau benthyca arian ar gyfer cwsmeriaid unigol. Dros y cyfnod arbennig hwn, mae'r gwaith o drefnu benthyciadau yn anoddach nag y bu ers ugain mlynedd. Mae cronfeydd y banciau yn brin o arian ac felly maent yn gosod gofynion a chanllawiau chwyrn ar gyfer darpar fenthycwyr. Rydym ni'n delio â dau gwmni benthyca mawr ac erbyn dau o'r gloch mae cwsmer oedd wedi prynu un o'r ceir hyn wedi cael ei wrthod gan bob cwmni benthyca. Dyma un o'r rhwystredigaethau mwyaf wrth werthu. Mewn cyfnod o wasgfa, bydd sawl unigolyn yn gorfod wynebu cael ei wrthod gan fenthycwyr. Mae derbyn hyn weithiau'n anodd, yn enwedig os yw'r gwerthwr yn teimlo yn ei galon fod y cwsmer yn un saff a dibynadwy o safbwynt ei allu i dalu benthyciad yn ôl. Mae'r banciau sy'n rhannu'r benthyciadau wedi tynhau eu system sgorio. Golyga hyn fod y gofynion ar y cwsmeriaid yn llymach ac os nad oes gan y darpar gwsmer broffil perffaith yna fe fydd yn cael ei wrthod. Petai'r cwsmeriaid sy'n cael eu gwrthod wedi gofyn am yr union fenthyciad ar yr un amodau chwe mis yn ôl, yna byddent wedi cael eu derbyn yn ddigwestiwn. Efallai bod wythnos yn gyfnod hir mewn gwleidyddiaeth. Fe all misoedd fod yn amser hir a chythryblus mewn busnes hefyd ond oherwydd ein bod ni fel cwmni bellach wedi hen ymsefydlu o safbwynt ariannol, ni fydd raid inni boeni'n ormodol os bydd gwerthiant yn arafu. Yn y gorffennol, pan oedd yr economi'n gwanychu, llwyddasom i elwa a llunio cwrs adeiladol i'r busnes drwy fanteisio ar y cwymp mewn prisiau. Mae pob patrwm economaidd yn gallu cynnig cyfleodd i bob busnes dim ond i'r busnes hwnnw allu dehongli'r sefyllfa yn ofalus.

Mae gennym restr neu siart mawr gydag is-benawdau arno ar ddesg Sion, un o'r gwerthwyr. Mae'r siart yn cael ei archwilio a'i adnewyddu'n ddyddiol ac rydym yn trafod ei gynnwys, gan roi tic gyferbyn â phob tasg sydd wedi'i chyflawni. Mae cofio manion ar gyfer bodloni'r cwsmer yn hollbwysig. Ein nod bob amser yw peidio â siomi ein cwsmeriaid a pheidio ag addo pethau na allwn eu cyflawni. Mae'r siart dyddiol hefyd yn nodi pa gerbydau sydd angen eu glanhau a bydd y rhestrau'n cael eu gyrru i'r gweithdy ac i'r sied lanhau.

Ar ddydd Llun yn aml iawn bydd angen cryn ymroddiad i gloi'r delio sydd wedi'i gychwyn dros y penwythnos. Nid yw'r

Llun hwn ddim gwahanol i'r arfer ac ar ôl nifer o alwadau ffôn ac ailymweliadau dau gwsmer unigol arall, llwyddwyd i selio dwy ddêl ychwanegol. Mae'r syniad o 'barhâd' yn bwysig iawn yn ein busnes ni gan fod y prynwyr yn gorfod ymroi llawer o arian ar gyfer yr hyn y maent yn ei brynu. Mae'n rhaid inni eu sicrhau eu bod yn gwneud penderfyniad doeth a chywir. Wrth i enw da'r busnes dyfu, daeth hyn yn haws ac yn haws. Mae'r tywydd yn sych heddiw ac mae hynny'n gwneud llawer o'n tasgau yn haws ac fe lwyddwyd i werthu dau gar arall i ymwelwyr newydd yn ystod y prynhawn.

Dydd Mawrth

Byddaf yn treulio rhyw ben o bob dydd ar y we yn chwilio am stoc. Bydd y bechgyn i gyd, gan gynnwys y technegwyr, hefyd yn defnyddio'r we (ac *e-bay* yn arbennig yn achos y gweithdy). Gallwn chwilio am y nwyddau gorau a'r gwasanaeth rhataf a mwyaf effeithiol ar gyfer anghenion ein busnes. Mae llwyddiant pob busnes yn dibynnu ar sgiliau prynu'r unigolion sy'n gyfrifol am wneud hynny. Y bore dydd Mawrth hwn, fe dreuliais awr dda yn chwilota drwy fy ffynonellau cyflenwi am y ceir sydd arnom eu hangen i wneud ein stoc yn ddeniadol, yn safonol ac yn gystadleuol o safbwynt prisiau. Mae'r gwerthwyr yn gyfrifol am drosglwyddo eu hanghenion ymlaen i mi o safbwynt eu darpar gwsmeriaid. Byddaf yn eu holi ynghylch pob agwedd a phosibilrwydd o werthu car i'r cwsmer dan sylw ac rwy'n debygol fel arfer o holi mwy am bersonoliaeth y cwsmer yn hytrach na'r math o gar y mae ganddo ddiddordeb ei brynu.

Mae'r math o stoc y byddwn yn ei brynu yn dibynnu'n llwyr ar y math o unigolion sy'n debygol o brynu gennym. Dyma, ar hyd y blynyddoedd, fu un o'r prif resymau inni allu cyrraedd ein targedau yn eithaf llwyddiannus.

Y bore 'ma rwyf wedi marcio dros 35 o geir ar hyd a lled gogledd Lloegr a fydd o ddiddordeb inni o safbwynt eu 'prynu i mewn'. Caiff fy mrawd y gwaith o fynd i'w harchwilio ac efallai i brynu rhai ohonynt. Bydd y prynu yn dibynnu ar adborth cyson y bechgyn sy'n gyfrifol am y gwerthu. Y nhw sydd â'u bys ar y pyls ac mae Sion, Eifion, a Robat a Prys hefyd yn cymryd diddordeb mewn ffasiynau a datblygiadau newydd o fewn y byd moduro.

Rwyf bellach yn ceisio sefyll yn ôl fwyfwy oddi wrth y gwaith o ddelio ac o werthu i gwsmeriaid. Byddaf yn cymryd rhan pan fydd y bechgyn eisiau imi roi hwb iddyn nhw ac i hybu hyder y cwsmer yn ein cynnyrch ac yn ein gwasanaeth. Mae'n rhaid tawelu meddwl ac atgyfnerthu hyder pob cwsmer er mwyn rhoi cadarnhad iddo ei fod yn gwneud penderfyniad doeth. Yn hyn o beth gallaf i heddiw wneud hyn deirgwaith a llwyddo i argyhoeddi tri chwsmer eu bod yn prynu'n ddoeth. Ambell dro byddaf yn awgrymu i gwsmer na ddylai brynu'r car sydd ganddo dan sylw, ac yn ei sicrhau y byddwn yn cael rhywbeth mwy addas ar ei gyfer o fewn wythnos neu ddwy. Mae cyngor gonest yn ennill llawer mwy i'n busnes na gwerthu gormesol! Anaml y byddaf yn ceisio arafu brwdfrydedd y bechgyn sy'n gwerthu ond ar y prynhawn arbennig hwn cynghorais un cwsmer i beidio â phrynu'r car yr oedd ar fin ei brynu oherwydd gofynion personol ac anghenion unigol. Gwn fod gwneud hyn yn sicr o ddod â'r cwsmer yn ei ôl eilwaith a'n bod ni wedi gwneud iddo deimlo'n ddiogel yn ein dwylo. (O ganlyniad i hyn, fe ddaeth yr athro ysgol ifanc yma yn ôl wedi inni ei ffonio dair wythnos yn ddiweddarach. Prynodd VW Golf TDI yn hytrach na'r Ford Focus 1-6 petrol yr oedd ar fin ei brynu.)

Dydd Mercher

Am naw o'r gloch y bore bydd Geraint, sy'n gyfrifol am waith clercio'r gweithdy, yn dod i'r swyddfa. Rwy'n treulio'r hanner awr cyn iddo gyrraedd yn bwrw golwg ar rai o'r cyfrifon ac ar rai o'r biliau sy'n ddyledus ac yn daladwy. Fel arfer does dim cwestiynau'n codi ac nid oes angen trafod unrhyw fater. Rwy'n gredwr mawr mewn osgoi pwyllgorau a thrafodaethau oni bai bod gwir angen eu cynnal. Rwy'n cofio'n rhy dda bod llawer o waith ac amser athrawon ysgol a gweithwyr sector gyhoeddus yn mynd i drafod a phwyllgora. Pan fydd amser yn cael ei ddefnyddio dim ond i fân siarad, yna mae hynny'n broses gostus i'r busnes ac yn aml iawn yn creu mwy o rwystrau nag o fanteision. Nid dweud yr wyf nad oes angen trafod, ond mae modd cynnal trafodaethau a gwrando ar farn pobl eraill yn ddiffwdan drwy gyfrwng y cyswllt dyddiol rhyngoch chi a'ch cydweithwyr. Gwaith pennaeth y busnes yw cofnodi hynny (ar bapur neu mewn dyddiadur yw'r dull gorau) ac o ganlyniad, dylid ystyried yn ofalus a oes angen cyflwyno newidiadau i'r cynllun gwaith. Byddaf yn edrych ar ddulliau o dalu cyflogau yn gyson ac yn ceisio sicrhau bod pawb yn cael ei drin yn deg ac yn derbyn y tâl sy'n deilwng iddynt. Mae'r dyddiau llwm sydd i'w gweld ar y gorwel yn debygol o daro llawer o fusnesau. Gan ein bod ni wedi bod yn cynilo'n gyson a gofalus ar gyfer dyfodiad cyfnod o'r fath, gallwn ystyried codi mymryn bach ar gyflog bob un o'r gweithwyr ar ddechrau 2009 (a dyna wnaethom). Gobeithio y bydd meddwl positif fel hyn yn debygol o gynnal llewyrch y busnes yn ystod y ddwy flynedd nesaf.

Ar y bore arbennig hwn rwyf wedi gorfod trafod siec am £550 sydd wedi dod yn ôl o'r banc (tâl am waith yn y gweithdy). Nid yw hyn yn digwydd yn aml a'r ffordd orau o osgoi'r fath ddigwyddiad yw dod i adnabod eich cwsmeriaid yn bersonol. Dyna yw un o brif fanteision busnes bychan.

Mae'r tywydd yn wlyb ac yn oer ac mae'r dydd wedi byrhau. Mae hynny ynddo'i hun yn effeithio ar ffigyrau gwerthiant. Mi wn fod y tri mis o ddechrau mis Tachwedd hyd at ddiwedd mis Ionawr yn draddodiadol yn cael eu hystyried y misoedd gwaethaf yn y busnes gwerthu ceir. Nid yw hynny ynddo'i hun yn fy mhoeni, ond eleni mae problem ddwysach, sef y dibrisiant yng ngwerth ceir. Wrth edrych ar lawlyfr prisiau ceir y *Glass's Guide* ar ddechrau mis Tachwedd, gwelaf fod rhai o'r ceir sydd ar ein safle wedi colli cymaint â £2,000 ar eu gwerth mewn tri mis. Mae llawer o aelodau'r cyhoedd yn canfod eu bod yn awr mewn sefyllfa o 'ecwiti negyddol' ym mhrisiau eu cartrefi ond maent hefyd yn darganfod fod gwir werth eu ceir yn llawer llai na maint y benthyciad sydd ganddynt yn ddyledus ar y car. Golyga'r ffaith syml hon yn unig y bydd llawer o bobl yn ei chael hi'n anodd i fyw yn llewyrchus o safbwynt ariannol dros y misoedd nesaf.

Os yw'r ffeithiau hyn yn digalonni'r darllenydd sy'n ystyried dechrau busnes, yna gadewch imi eich cysuro fel hyn: mae modd elwa a chreu cyfalaf o fewn busnes bach pan fydd busnesau mawr yn dirywio. Gallaf ddweud bod ein busnes ni wedi gwneud hynny sawl gwaith yn ystod y pum mlynedd ar hugain diwethaf.

Mae'r prynhawn dydd Mercher arbennig hwn yn golygu delio â phroblemau bychain biwrocrataidd. Mae pob busnes bach yn gorfod wynebu biwrocratiaeth. Y sefydliad cymhleth hwnnw sydd wedi ei ganoli yn Abertawe yw byrdwn ein problemau ar y dydd arbennig hwn sef adran drethu ceir y DVLA. Mae derbyn y dogfennau cofrestru cywir a chodi trethi ceir yn gallu bod yn fater astrus iawn a chan fod cymaint o arian a chyfrifoldeb yn y fantol, mae'n anochel fod cwsmeriaid yn anfodlon iawn os yw pethau'n mynd o chwith. Mae'r bechgyn wedi dysgu oddi wrth eu camgymeriadau ac mae'r broblem a gododd oherwydd i rif cofrestru gael ei lenwi'n anghywir (ffurflen a gafodd ei llenwi gan y cwsmer) yn broblem sy'n cael ei datrys erbyn deg o'r gloch y bore. Pan fydd anghytuno ar fater gweinyddol yn digwydd gyda chwsmer, mae'n rhaid ichi fod yn hollol sicr o'ch ffeithiau a'r hyn sy'n gywir. Os ydych yn gwybod mai chi sy'n iawn, peidiwch ag ildio. Gwell colli cwsmer pengaled na cholli eich hunan-barch. Wrth gwrs, os ydych yn darganfod bod y bai ar ochr y busnes, yna derbyniwch hynny'n urddasol a chyflwynwch ymddiheuriad anrhydeddus! Mae'n rhaid derbyn fod ambell ddiwrnod yn gallu mynd o chwith. Fel y dywedodd Winston Churchill: 'Caiff pawb ei ddiwrnod a bydd ambell ddiwrnod yn parhau'n hirach na'i gilydd.'

Dydd Iau

Mae'r bechgyn yn y gweithdy yn wynebu diwrnod gwaith digon cyffredin heddiw, yn cyflawni gwasanaeth ar geir nifer o gwsmeriaid yn ogystal â chyflawni chwe phrawf MOT (wedi'u hamseru mewn apwyntiadau awr yr un). Byddaf yn ceisio sylwi pwy yw'r cwsmeriaid sy'n dod â'u ceir i'r gweithdy a byddaf bob amser yn ceisio taro sgwrs gyda nhw, boed hynny ynglŷn â cheir neu am y tywydd! Mae gweithdy paent Mark Owen yng

Nghaernarfon yn derbyn cryn dipyn o waith gennym, sef y gwaith tacluso sydd ei angen ar baent y ceir sydd ar werth. Heddiw, mae angen mynd â thri char i'w weithdy er mwyn eu paratoi a'u tacluso cyn eu cyflwyno i'w gwerthu. Mae llawer o amser y busnes yn cael ei dreulio yn symud pethau o un lle i'r llall gan ein bod yn contractio gwaith yn ddyddiol i weithdai a chontractwyr lleol. Bore heddiw mae angen symud pedwar o geir i wahanol fannau o fewn ugain milltir. Mewn wythnos gall hyn olygu bod tua deg awr o amserlen gwaith dau ohonom yn cael ei ddefnyddio i'r diben hwn.

Gan ei bod yn gymharol ddistaw ar y gwerthu ar hyn o bryd, rydym yn trafod gwerth ffonio darpar gwsmeriaid i geisio'u hannog rhyw fymryn. Byddwn yn trafod pa arddull i'w gymryd wrth wneud hyn, yn ogystal â phenderfynu pa ddulliau sy'n debygol o ddarbwyllo cwsmer i newid ei gar am un newydd.

Ar hyn o bryd mae argyhoeddi cwsmer o werth prynu car newydd yn her gan fod pobl yn brin o arian ac yn ofni benthyca. Ar y diwrnod arbennig hwn, daeth un cwsmer i'r swyddfa i ddweud ei fod wedi penderfynu peidio â gwario wyth mil o bunnoedd ar gar fel yr oedd am ei wneud yn wreiddiol, a'i fod yn hytrach am wario chwe mil a hanner. Dair wythnos yn ôl, dangosodd y cwsmer imi werth ei falans ariannol gyda chwmni pensiwn ond heddiw dangosodd imi ddiweddariad o'i falans. Roedd ei gynilion pensiwn wedi gostwng dros bymtheg cant o bunnoedd o ganlyniad i'r cwymp yn y farchnad stoc. Dyma'r tro cyntaf mewn ugain mlynedd imi weld hyn yn digwydd ar y fath raddfa. Yn naturiol, felly, bydd rhaid inni ystyried ein strategaeth fusnes yn ofalus dros yr wythnosau nesaf.

Heddiw hefyd mae Duncan Rhagat o Dreffynnon yn dod draw i'r garej i dreulio diwrnod cyfan yn torri goriadau sbâr a'u cydweddu'n electronig ar gyfer nifer o geir unigol sydd o fewn ein stoc gwerthu. Mae'n rheol gennym fod pob car a werthir yn gorfod cael o leiaf dau oriad ac felly mae'n rhaid llunio rhai ar gyfer y ceir fel y bo'r galw. Mae'r bil i'w dalu am lunio deuddeg goriad gan Duncan yn dod i gyfanswm o £1,400 y tro hwn. Mae gan bob busnes gostau cysgodol (*overheads*) ac mae'r costau hyn yn gorfod cael eu harchwilio a'u hystyried yn ofalus o fis i fis.

Heddiw hefyd mae'r tancer tanwydd yn dod â phetrol a diesel i'r tanc sydd gennym ar gyfer ein defnydd ein hunain. Mae'r bil yn £8,600 o bunnoedd a bydd angen llenwi'r tanciau eto ymhen deuddeg wythnos. Mae'r biliau chwarterol ar gyfer trydan, dŵr a llinellau ffôn yn ddyledus hefyd dros y dyddiau nesaf, a bydd angen dros £3,000 i dalu'r biliau hyn. Mae wynebu'r costau hyn yn rhan annatod o reoli busnes ac yn ymddangos yn uchel a thrwm, ond rhywsut neu'i gilydd nid yw busnes prysur yn cael cyfle i boeni gormod amdanynt. Rhaid cadw'r trwyn ar y maen a bwrw ymlaen â'r gwaith.

Dydd Gwener

Mae heddiw wedi dechrau am wyth o'r gloch nos Iau! Treuliais ddwyawr neithiwr yn chwilota ar y we am stoc ac yn ystyried a oedd pwrpas imi fynd i ffwrdd i brynu'r bore heddiw. Byddaf yn defnyddio llawer ar y we i chwilio am geir i'w prynu ar hyd a lled Prydain ac o fewn amrywiaeth o gwmnïau lesio a rhentu. Mae gennym gyfrif swyddogol gyda nifer o gwmnïau, a thros y blynyddoedd rydym wedi ennill digon o barch i gael ein hystyried yn brynwyr o bwys ganddynt. Ers sawl blwyddyn bellach rydym yn ymddangos ar y tablau Prydeinig a gyhoeddi'r gan y cylchgrawn *Autotrade* fel un o'r gwerthwyr ac un o'r prynwyr prysuraf ymhlith busnesau ceir bychan annibynnol y Deyrnas Unedig. Mae hon yn ffaith yr wyf yn ymfalchïo ynddi, er nad oes fawr o'n cwsmeriaid yn ymwybodol ohoni.

Am hanner awr wedi saith rwyf ar fy ffordd i Fanceinion i chwilio am stoc. Mae mynd i arwerthiant geir yn beth anarferol i mi bellach gan ein bod yn prynu ein stoc yn uniongyrchol gan y gwerthwyr, neu drwy gwmnïau lesio drwy ddelio ar y ffôn gyda'u cynrychiolwyr personol sy'n cysylltu'n ddyddiol â ni. Trefor fy mrawd sy'n bennaf gyfrifol am y prynu. Mae prynu'n effeithiol yn allweddol bwysig i lwyddiant unrhyw fusnes ac mae angen rhai oriau cyson i berffeithio'r grefft hon sy'n naturiol yn gwella gyda phrofiad.

Rwy'n cyrraedd Manceinion am ddeg ac yn mynd i'r bwyty i

gael brecwast mawr. Wrth imi ei fwynhau, rwy'n astudio'r rhannau o'r *Glass's Guide* y byddaf yn debygol o'u defnyddio yn ystod y teirawr o ganolbwyntio sydd o fy mlaen. Fe ddeuthum yma heddiw gan obeithio prynu pump o geir penodol. Euthum adref yn nes ymlaen wedi prynu deuddeg o geir i gyd a dim ond dau ohonynt oedd yn gynwysedig yn y pump gwreiddiol yr oeddwn wedi gobeithio eu prynu. Mae prynu mewn ocsiwn yn faes sy'n haeddu llyfr ynddo'i hun ac felly ni fanylaf ychwaneg ar yr hyn ddigwyddodd ar y diwrnod hwn. Digon yw dweud fy mod wedi elwa mwy yn ystod y blynyddoedd o hap-brynu (*speculative buying*) yn hytrach na phrynu drwy gynllun. Golyga hyn fy mod wedi cael gwell bargeinion wrth brynu pethau oherwydd bod y pris yn isel yn hytrach nag wrth brynu pethau am fod gen i gwsmeriaid penodol yn disgwyl amdanynt. Mae nwyddau a chynnyrch a gwasanaethau yn sicr o werthu eu hunain os yw'r pris yn gystadleuol!

Cyrhaeddais yn ôl i'r garej ym Methel erbyn 4.45 y pnawn ac felly cefais gyfle i gael sgwrs efo'r bechgyn ynglŷn â gwaith a phroblemau'r dydd. Mae gan y busnes ceir lawer o broblemau yn sgîl y ffaith fod pethau'n torri yn gyson (ac mae hyn yn naturiol yn gostus). Fel arfer rwyf yn canmol pawb am ddelio mewn dull ymroddedig â phroblemau'r dydd ac rwy'n hoffi meddwl bod hynny'n cael ei werthfawrogi gan y sawl sy'n cael ei ganmol. Rwy'n barod i fynd adref i gael swper a glasied o win a gwylio'r teledu wrth ddarllen llyfr ar hanes Barrack Obama.

Isod ceir bocs grid gwag. Defnyddiwch ef i astudio eich patrwm gwaith a'ch bywyd wythnosol eich hun. Efallai y gallwch weld gwendidau a rhinweddau yn eich patrwm dyddiol personol. Mae hunan-feirniadaeth yn bwysig mewn busnes ac os gallwch feistroli'r grefft o wneud hynny'n adeiladol bydd yn fuddiol i'ch bywyd a'ch busnes yn gyffredinol. Yn bersonol, nid wyf yn credu fy mod i'n hunan-arfarnwr da ond gallaf ddweud fy mod i'n cael boddhad wrth fy ngwaith bron yn ddyddiol. Ambell dro mae'n bosib 'mod i'n canolbwyntio gormod ar yr hunan-foddhad hwnnw. Yn wir, fel y dywedodd yr artist Salvador Dali: 'Y mae ambell ddiwrnod pan fyddaf yn dechrau meddwl 'mod i'n mynd i farw o or-ddôs o hunan foddhad.'

Eich siart wythnos

Sut byddwch chi'n trefnu eich bywyd? Ar ôl llenwi'r siart astudiwch ef a lluniwch eich casgliadau eich hun.

	Sul	Llun	Mawrth	Mercher	Iau	Gwener	Sadwrn
00.00							
01.00							
02.00							
03.00							
04.00							
05.00							
06.00							
07.00							
08.00							
09.00							
10.00							
11.00							

	Sul	Llun	Mawrth	Mercher	Iau	Gwener	Sadwrn
12.00							
13.00							
14.00							
15.00							
16.00							
17.00							
18.00							
19.00							
20.00							
21.00							
22.00							
23.00							

Llenwch y siart gyda'r symbolau:

C = Cwsg   B = Bwyta   T = Teithio   TE = Teulu
GW = Gwaith dyddiol amserol   B = Busnes   TEL = Teledu

Talu Trethi

- Glynu at y llwybr cywir

- Rheoli eich sefyllfa dreth

- Treth incwm ar gyfer cwmnïau: y mathau gwahanol o dreth

- Treth ar Werth (VAT)

- Peidio â thalu mwy nag sydd raid

- Dulliau o geisio lleihau'r dreth sy'n daladwy

Glynu at y llwybr cul. Pwysigrwydd cadw at reolau Adran Cyllid y Wlad

Mae dinasyddion pob gwladwriaeth fodern yn gorfod talu trethi. Heb y trethi hyn byddai'n amhosib gweinyddu llywodraeth. Mae pob gweithiwr a phob busnes yn gorfod gwneud ei ran. Un busnes mawr yw'r llywodraeth ei hun yn y pen draw. Fel hyn y dywedodd y cyn-arlywydd Ronald Reagan: 'Busnes y bobl yw'r llywodraeth ac fe ddaw pob gŵr, gwraig a phlentyn yn gyfranddaliwr yn y busnes hwnnw gyda'r geiniog gyntaf o dreth y maent yn ei thalu.'

Pan oeddwn yn gwerthu ceir yng Ngaerwen ac yn gweinyddu fy musnes yn ystod fy amser rhydd ac ar benwythnosau, cefais y profiad poenus o dderbyn archwiliad manwl gan Adran Cyllid y Wlad (*Inland Revenue*). A minnau'n llanc eithaf diniwed, nid oeddwn erioed wedi meddwl bod modd i swyddogion y llywodraeth fy amau. Mae arolygwyr y dreth yn ymchwilio'n gyson a manwl i bob math o fusnesau. Yn fy achos i, roeddynt wedi bod yn gwylio fy musnes gwerthu ceir o hirbell ac wedi holi nifer o gwsmeriaid ynglŷn â sut yr oeddynt wedi talu am eu ceir, gan edrych yn ogystal ar y gwaith papur a'r anfonebau (invoices) yr oeddynt wedi'u derbyn.

Roedd un o swyddogion yr Adran Dreth ym Mangor wedi prynu Austin Maestro gennyf ac wedi mynd â'r anfoneb a dderbyniodd i'r adran oedd yn gyfrifol am fanwerthwyr hunangyflogedig. Mae'n amlwg eu bod yn credu bod yr anfoneb yn ddi-drefn ac nad oedd yn ddigon manwl. Wrth edrych yn ôl ar y cyfnod hwnnw mae'n rhaid imi gyfaddef bod fy ngwaith papur yn ddi-drefn ac i raddau yn aneffeithiol. Doedd gen i neb heblaw fi fy hun i'w feio am y ffaith fy mod wedi gorfod wynebu arolygiad ynghyd â chyfweliadau manwl dros gyfnod o flwyddyn. Fy mlaenoriaeth yn ystod y cyfnod hwnnw o ymsefydlu oedd gwerthu, gwerthu a gwerthu. Er fy mod i, ar y pryd, yn fy ugeiniau hwyr doeddwn i ddim wedi ystyried canlyniadau fy mlerwch na'm difaterwch. Mewn gwirionedd, nid oeddwn wedi gwneud unrhyw beth bwriadol yn anghywir ond doeddwn i ddim wedi rhoi'r dyledus barch i gywirdeb, er gwaetha'r ffaith fod gennyf gyfrifydd dibynadwy (sy'n parhau i fod yn gefn imi heddiw) a bod fy mrawd yn goruchwylio ein llyfrau a'n hanfonebau. Mae'r cyfrifoldeb ar ddiwedd y dydd yn gorwedd yn daclus ar ysgwyddau perchennog y busnes ac nid oes modd osgoi hynny.

Roedd yr arolygwyr wedi olrhain fy enillion dros gyfnod o saith mlynedd. Yn ystod y cyfnod y bûm i'n prynu a gwerthu nwyddau ffansi (watsys, nwyddau sain a thaclau yn ymwneud â moduro), roeddwn wedi ennill rhai miloedd o bunnoedd ac mae'n debyg imi beidio â thrafferthu dweud hynny wrth gyfrifydd na swyddog treth. Am ryw reswm, tybiwn fod yr enillion mor isel fel na fyddai gan swyddogion y dreth unrhyw ddiddordeb ynddynt. Roeddwn yn cynilo'r enillion mewn cymdeithas adeiladu ac wrth gwrs bu'n rhaid imi ddangos hynny i'r arolygwyr. Ymhen hir a hwyr, roeddwn yn wynebu bil o dros dair mil o bunnoedd. Roedd gan yr arolygwyr yr hawl i asesu'r dreth oedd yn ddyledus drwy eu hamcangyfrifon eu hunain. Roedd hon yn wers ddrud gan fy mod, o ganlyniad, wedi talu llawer mwy yn ôl nag a oedd yn ddyledus mewn gwirionedd.

Mae gan Adran yr Arolygwyr weithwyr sy'n cael eu cyflogi i lygadu a goruchwylio busnesau o ddydd i ddydd. Gall rhai ohonynt ymweld yn ddirybudd a phrynu nwydd neu wasanaeth gan eich busnes er mwyn asesu'r modd y mae eich busnes yn gweithredu. Maent yn darllen hysbysebion mewn papurau newydd ac ar y we gan chwilio am unigolion sy'n osgoi talu trethi drwy dderbyn arian parod. Byddant hefyd yn archwilio cofrestrau tir cenedlaethol ac yn mynd mor bell hyd yn oed ag astudio cofrestrau cychod hwylio'r wlad.

Y dull mwyaf cyffredin i'r arolygwyr ddarganfod twyll treth yw drwy dderbyn gwybodaeth gudd. Gall cymydog cenfigennus neu gwsmer anfodlon fod yn fwy na pharod i drosglwyddo gwybodaeth i Adran Cyllid y Wlad. Unwaith y bydd achos wedi'i gychwyn, fe all gymryd blynyddoedd i'w ddwyn i'w derfyn. Gall yr arolygwyr olrhain hanes eich busnes ers ugain mlynedd ond nid oes gofyn ichi gadw eich gwaith papur am fwy na saith mlynedd. Er bod hyn yn wir, gellir dadlau bod gwerth yn y pen draw i gadw eich papurau perthnasol a'ch cyfrifon i gyd o'r dechrau, a'u cadw yn gywir a threfnus. Mewn ambell achos gall yr Adran Dreth ddod â gwarant archwilio i'ch swyddfa fusnes a gallant fynd â phob ffeil a phapur oddi yno yn ddiwrthwynebiad. Dylid cofio y gall costau osgoi treth fod cymaint â 100% o'r dreth sydd heb ei thalu. Yn gyffredinol, bydd yr Adran Dreth yn ceisio atal erlyn troseddwyr, felly prin iawn yw'r achosion o garcharu unigolion sydd wedi osgoi talu treth incwm. Gellir hefyd ychwanegu cymal fel rhan o'ch polisi yswiriant cyffredinol ar gyfer talu costau i'ch amddiffyn mewn achos o archwiliad manwl.

Rheoli eich sefyllfa dreth

Petaech yn gofyn i'r mwyafrif o bobl fusnes lunio rhestr o'r pethau mwyaf diflas y maent yn gorfod ymhél â nhw o fewn y busnes, yna mae'n debyg mai materion yn ymwneud â rheoli a thalu Trethi Incwm a Threth Ar Werth fyddai amlycaf ar y rhestr honno. Sefydlwyd y Ddeddf Treth Incwm Gwladol ym 1842. Ers y flwyddyn honno mae pob busnes ym Mhrydain yn gorfod cofnodi eu hincwm a'u helw blynyddol. Does dim dianc rhag y rheolau ac mae cywirdeb ac atebolrwydd eich busnes yn hanfodol bwysig. Fodd bynnag, mae modd rheoli eich polisïau ariannol fel bod eich busnes yn talu cyn lleied o dreth ag sydd bosib o fewn canllawiau'r gyfraith. Mae tri math o fusnes o safbwynt Adran Cyllid y Wlad: Unig Berchennog (*Sole Trader*), Partneriaethau a Chwmnïau Cyfyngedig.

Mae Unig Berchenogion a Phartneriaethau yn talu eu trethi o dan yr un rheolau ac yn seiliedig ar yr un canllawiau. Rhaid talu'r dreth incwm ar sail yr elw, yr Yswiriant Gwladol ar sail yr elw, yn ogystal â'r dreth ar unrhyw Enillion Cyfalaf (Capital Gains) wrth werthu a chael gwared ar asedau. Hefyd mae treth etifeddol yn daladwy ar farwolaeth neu wrth gyflwyno rhoddion arbennig.

Os yw trosiant blynyddol eich busnes yn fwy na £15,000 y flwyddyn (ffigwr swyddogol 2008/09) yna mae'n rhaid i'ch cyfrifon gael eu harddangos o dan y penawdau: maint trosiant, elw gros a chostau yn ôl amrywiaeth o gategorïau cyfrifon, megis costau teithio, costau biliau ffôn, costau hysbysebu a chostau rhent. Mae pob unigolyn sy'n talu Treth Incwm yn derbyn ffigwr lwfans personol gan yr Adran Gyllid Wladol a chaiff dynnu'r lwfans hwn allan o'r cyfanswm elw blynyddol. Rydym oll hefyd yn gorfod talu Treth yr Yswiriant Gwladol sydd i'r mwyafrif llethol ym Mhrydain yn oddeutu 7% a 9% o'r cyfanswm elw blynyddol. Mae'r graddfeydd hyn yn newid bob mis Mawrth ond yn sylfaenol erys y patrwm yr un fath.

Treth incwm ar gyfer cwmnïau

Mae cwmnïau yn meddu ar sefyllfa gyfreithiol annibynnol. Mae bob unigolyn sy'n gweithio i gwmni yn cael eu trethu fel 'gweithwyr cyflog' (*employee*). Y cwmni ei hun sy'n gyfrifol am gasglu'r Dreth Incwm oddi ar y gweithwyr a'i dalu i'r awdurdodau. Dyma'r system Talu Wrth Ennill (*Pay As You Earn*). Mae cwmnïau Prydeinig yn talu eu trethi mewn tair prif ffordd. Mae manylion a gofynion y dulliau hyn o dalu yn eithaf astrus ac mae llawer o waith astudio arnynt. Er gwaetha'r ffaith hon mae'n hanfodol bwysig bod pobl fusnes yn dod i ddeall y dulliau hyn o dalu treth.

1.   Y dull cyntaf ac amlycaf yw'r **Dreth Gorfforaethol** (*Corporation Tax*). Mae cwmnïau yn talu treth gorfforaethol yn ôl elw blynyddol y cwmni. Ym Mhrydain mae cwmnïau sy'n ennill llai o elw na £300,000 y flwyddyn yn talu 21% o'r elw hwn i'r llywodraeth (ffigyrau hyd at Ebrill 2010). Mae'r canran yn codi i 28% ar gyfer cwmniau sy'n dangos elw dros £1,500,001. Yn naturiol gall y ffigwr penodol hwn newid gyda Chyllideb y Trysorlys a chafwyd canllawiau newydd yn 2009.

2. Yr ail ddull amlwg yw **Trethu Difidend**. Mae cyfranddalwyr mewn cwmnïau yn derbyn tâl blynyddol, sef difidend, sy'n cael ei benodi ar sail yr elw blynyddol. Mae cyfranddalwyr sy'n talu treth yn ôl y raddfa Dreth Incwm Sylfaenol (*Basic Rate*) yn debygol o beidio â gorfod talu cyfran o'r difidend i'r llywodraeth tra bo cyfranddalwyr sy'n talu treth incwm yn ôl y raddfa uchaf yn gorfod talu mwy o dreth i'r llywodraeth.

3. **Treth Enillion Cyfalaf** (*Capital Gains*). Os yw cwmni neu fusnes yn gwerthu asedau, megis eiddo o unrhyw fath, ac yn llwyddo i'w gwerthu am elw, yna bydd yr elw yma'n cael ei drethu yn ôl yr un gofynion â'r hyn a ddeddfir yn fframwaith y dreth gorfforaethol.

Fel y gwelwch, mae'r dulliau uchod o dalu treth i'r wladwriaeth yn astrus ac yn amlach na pheidio mae trefnu'r taliadau a gwneud y cyfrifon blynyddol yn waith diflas ond mae'n hanfodol fod y gwaith hwn yn cael ei gyflawni'n gywir er mwyn lles a dyfodol y busnes. Mae Adran Cyllid y Wlad yn cyhoeddi llyfrynnau gwybodaeth a chanllawiau defnyddiol ar gyfer y gwaith o dalu trethi yn gyson. Mae safle we yr Adran Gyllid yn cyflwyno'r wybodaeth hon hefyd: www.inlandrevenue.gov.uk.

Gan ein bod wedi trafod treth incwm yn fras iawn mae'n rhaid felly egluro'n fyr beth yw Treth Ar Werth (*Value Added Tax*).

TAW (VAT)

Os yw busnes yn trosi mwy na £55,000 mewn gwerthiant blynyddol (ffigwr 2009), yna mae'n rhaid i'r busnes dalu TAW. Treth ar wariant prynwyr yw hyn ac mae byd busnes yn gorfod casglu'r dreth hon gan y cyhoedd a'i thalu i'r llywodraeth. Mae safle we yr Adran Dollau ac Ecséis yn cynnwys manylion hanfodol am daliadau Treth Ar Werth (www.hmce.gov.uk).

Ym Mhrydain mae'r holl wasanaethau nwyddau bron yn hawlio'r raddfa sylfaenol o Dreth Ar Werth, sef 17.5% ar ddechrau 2010. Yr unig bethau sy'n gallu osgoi TAW yw bwyd, llyfrau a dillad. Dyma'r pethau a elwir yn 'sero graddedig' (*zero rated*). Ni ddylid ofni Treth Ar Werth – mae'r canllawiau yn syml ac fe all cyfrifydd neu daflenni'r Adran Dreth eich rhoi ar ben y ffordd yn ddidrafferth. Mae llawer o fanteision i'w cael o gofrestru i dalu TAW. Un o'r rhai pennaf yw'r ffaith eich bod yn gallu hawlio'r dreth yn ôl ar lawer o nwyddau a'r ffaith hefyd fod busnes sy'n cario rhif cofrestru TAW yn cario delwedd fwy proffesiynol ac apelgar yng ngolwg busnesau eraill ac ymysg y cyhoedd yn gyffredinol.

Mae'r Adran Dollau ac Ecséis yn anfon arolygwyr i archwilio cofnodion TAW busnesau unigol o bryd i'w gilydd ac mae llawer wedi ei ysgrifennu mewn llyfrau busnes ar ofynion TAW. Digon yma yw nodi mai'r tri prif gofnod y mae'r adran dollau yn ymddiddori ynddynt yw:

a) Y cyfanswm TAW y mae busnes wedi ei gasglu drwy'r nwyddau a'r gwasanaethau.

b) Y cyfanswm TAW y mae busnes wedi ei dalu drwy'r nwyddau a'r gwasanaethau a brynodd i mewn.

c) Y gwahaniaeth rhwng y ddau gyfanswm uchod. Os yw'r gwahaniaeth yn bositif yna mae TAW yn daladwy gan y busnes i'r llywodraeth. Os yw'r gwahaniaeth yn negyddol yna fe all y busnes hawlio'r cyfanswm hwn yn ôl. Mae'r mwyafrif o fusnesau yn talu mwy o TAW nag y mae'n ei hawlio'n ôl. Dyma felly un o brif ffynonellau incwm y llywodraeth ac mae'r cyhoedd yn gyffredinol yn ei weld fel dull teg a chyfiawn o godi arian.

Peidio â thalu mwy o dreth nag sydd raid

Mae osgoi talu treth, wrth gwrs, yn drosedd yn ôl y gyfraith ond mae byd busnes yn gyffredinol yn chwilio am ddulliau a ffyrdd o dalu cyn lleied o dreth ag sy'n bosib. Mae awdurdodau'r adrannau treth yn ymdrechu'n barhaus i geisio sicrhau nad yw busnesau yn gallu osgoi talu'r cyllid sy'n ddyledus. Mae pen busnes da a chyfrifydd medrus yn gallu cyfuno i gadw biliau'r dreth i leiafswm cyfreithiol derbyniol. Felly mae brwydr barhaus yn digwydd rhwng y naill ochr a'r llall.

Dyma rai awgrymiadau a chynghorion cydnabyddedig a allai fod o gymorth i berchenogion busnesau bach a mawr.

Dulliau syml o geisio lleihau'r dreth ddyledus

1. Defnyddiwch eich hawl i roi pob gwariant busnes yn erbyn

eich bil treth. Wrth greu ac ehangu unrhyw fusnes mae llawer o gostau sy'n cael eu hystyried yn gostau er budd y busnes, megis peiriannau a thechnoleg, dillad gwaith arbennig, costau cerbydau hanfodol a hyd yn oed aros mewn gwesty tra ydych i ffwrdd o gartref. Rhaid dangos y costau drwy gyfrwng biliau ac anfonebau (*invoices*) eglur a'u cyflwyno yn drefnus i'ch cyfrifydd.

2. Gellir defnyddio cronfa bensiwn i leihau'r dreth sy'n daladwy. Mae llawer o wahanol fathau o gronfeydd pensiwn. Yn sgîl y problemau diweddar a'r dirywiad yng ngwerth cronfeydd pensiwn efallai ei bod hi'n amser i unigolion mewn busnes sefydlu cronfa bensiwn sy'n caniatáu i'r unigolyn reoli'r gronfa drosto'i hun. Gellir creu cronfa sy'n prynu i mewn i asedau'r busnes ac felly mae'r busnes yn gorfod talu rhent am ddefnyddio'r asedau hyn.

Golyga hyn fod y busnes hefyd yn gallu gosod y rhent sy'n cael ei dalu yn erbyn costau'r busnes ac felly mae'r gronfa bensiwn yn tyfu'n fwy.

3. Gall amseru'r broses o brynu asedau fod yn bwysig wrth ichi geisio gwneud defnydd llawn o'r 'lwfans cofnodi' (*writing down allowance*). Mae blwyddyn dreth y mwyafrif o fusnesau yn dechrau ym mis Ebrill, felly, os oes angen cyfrifiadur neu unrhyw fath o offer hanfodol y medrir ei osod yn erbyn y Dreth Incwm, yna byddai'n talu i'r busnes ei brynu ym mis Mawrth. Bydd yn rhaid disgwyl am bron i flwyddyn cyn hawlio'r lwfans os bydd y busnes yn prynu'r offer ym mis Ebrill neu ar ddechrau'r flwyddyn ariannol.

4. Caniateir ichi symud colledion ymlaen. Os ydych wedi gwneud colled mewn blwyddyn ariannol yna gallwch symud y colledion flwyddyn yn ôl neu ymlaen a'u gosod yn erbyn elw'r flwyddyn honno.

5. Mae llawer o fusnesau yn gwneud elw sylweddol wrth werthu asedau ac felly yn gorfod talu Treth Enillion Cyfalaf (*Capital Gains Tax*). Os bydd y busnes yn defnyddio'r elw hwn i

brynu asedau newydd yna caniateir i'r busnes ohirio unrhyw elw am gyfnod o hyd at dair blynedd.

6. Gellir defnyddio eich cymar priod i gwtogi eich bil treth ar yr amod nad yw'n gweithio yn unman arall. Gall ennill oddeutu £4,250 heb dalu treth os yw'n gweithio o fewn y busnes (y swm ar gyfer dechrau 2009).

7. Gellir tynnu mwy o ddifidend neu fwy o gyflog allan o fusnes. Gall hyn olygu eich bod yn peryglu agweddau ar ddyfodol y busnes. Dylid pwyso a mesur canlyniadau hyn yn ofalus. Mwy buddiol fyddai prynu opsiynau neu gyfranddaliadau i mewn i'r busnes (yn enwedig os yw'n gwmni cyfyngedig). Dylid derbyn cyngor arbenigwr am hyn.

8. Os yw eich busnes yn un newydd ac wedi ei sefydlu yn ddiweddar, yna ystyriwch a oeddech wedi wynebu costau a gwariant wrth greu a sefydlu'r busnes yn ystod y cyfnod cyn ei sefydlu. Enghraifft o hyn fyddai ymchwil marchnad, cynllunio, rhagbrofi a hyd yn oed prynu offer perthnasol. Gallwch fynd yn ôl saith mlynedd i chwilio am y pethau hyn a'u gosod yn erbyn y dreth daladwy.

Mae dulliau eraill cyfreithiol o leihau eich biliau treth ac mae cynghorwyr ariannol proffesiynol ar gael a all fod o gymorth – ond tra byddwch mewn busnes ni ellir osgoi'r ffaith y bydd yn rhaid ichi dalu eich cyfran tuag at gynnal y wladwriaeth. Yng ngeiriau Benjamin Franklin: 'Sicrwydd? Yn y byd hwn does dim byd yn sicr heblaw am farwolaeth a threthi.'

Argraffiadau personol

- Beth yw diben sefydlu busnes llwyddiannus

- Beth yw ystyr 'bod yn gyfoethog'

- Cynnal yr angerdd/Diarhebion defnyddiol ar gyfer busnes

- Y weledigaeth o'ch blaen

- Gweledigaeth 'miliwnyddion'

- Dylanwad y teledu a'r cyfryngau yn y broses o hyrwyddo busnes

Argraffiadau personol

Beth yw ystyr 'bod yn berchennog busnes cyfoethog'? Gyda chwyddiant a thwf gwerth eiddo ac adeiladau dros yr ugain mlynedd diwethaf gwelwyd cynnydd rhyfeddol yn y nifer o unigolion a all alw'u hunain yn filiwnyddion. Nid dyma ystyr gwreiddiol y gair 'miliwnydd'. Yn hytrach bathwyd y gair i ddisgrifio rhywun a oedd wedi ennill miliwn o bunnoedd drwy waith a chynnydd yn ei enillion. I mi, nid yw rhywun sydd wedi dod yn gyfoethog drwy lwc neu drwy etifeddu arian mewn gwirionedd yn filiwnydd. Yn gyffredinol, mae pobl yn tueddu i edmygu miliwnyddion os ydynt wedi creu a sefydlu eu cyfoeth eu hunain. Am y rheswm hwn felly nid yw'r dosbarth diweddar o bobl sydd wedi gweld gwerth eu cartrefi yn cynyddu'n sylweddol ychwaith yn filiwnyddion.

Hyd yn oed os nad ydych yn cytuno mewn egwyddor bod dod yn filiwnydd yn nodwedd i'w hedmygu, mae'n rhaid derbyn fod elw ariannol wedi ei gyfeirio i ddiben adeiladol yn gallu bod yn elfen ddefnyddiol a chadarnhaol er lles y gymdeithas. Os yw eich busnes yn ffynnu, mae'n braf gallu creu cronfa o arian er mwyn sicrhau ansawdd bywyd gwell i chi ac i'ch teulu ond gall fod pen draw i hynny. Mae cynilo arian er mwyn ei wario ar foethusrwydd yn syniad derbyniol i'r mwyafrif ohonom i rai graddau ond petasem yn onest, mae gweld pêl-droedwyr ifanc ac arwyr byd ffilm a theledu yn arddangos eu hunain mewn ceir drud a thai crand yn wrthun i lawer ohonom, yn enwedig felly wrth ystyried faint o dlodi a newyn sydd mewn rhannau eraill o'r byd.

Wrth edrych ar y darlun cyflawn ac ystyried sefyllfa rhai llai ffodus, mae'r syniad o gasglu arian i'n cronfeydd ein hunain yn fas, yn hunanol ac yn arwynebol. I mi'n bersonol, cyfrwng i greu newidiadau a datblygu syniadau yn ymarferol yw arian yn bennaf. Mae'n wir dweud fy mod i wedi bod yn hoff o yrru car crand ond gwn o brofiad mai peth eithaf arwynebol yw hynny. Mae'r profiad o roi mymryn tuag at achos da neu gefnogi ymgyrch wirfoddol yn gallu dwyn llawer mwy o foddhad, yn enwedig ar ôl i ddyn fynd dros drothwy'r deugain oed. Mae dyn busnes sy'n dangos i eraill ei fod yn gwario arian mawr ar bethau diangen yn gallu niweidio'i bersonoliaeth ei hun yn ogystal â dyfodol ei fusnes. Pan oeddwn yn chwech ar hugain oed, prynais Porsche 911 i mi fy hun. Doedd 'nhad ddim yn or-hapus pan es ag o adref i Lasfryn. Yn wir, fe orchmynnodd imi ei guddio yng nghefn y tŷ rhag i'w gwsmeriaid ei weld. Mae hyn yn batrwm sydd wedi nodweddu Cymry cefn gwlad. Tra oeddwn yn anghytuno braidd gyda syniad fy nhad o beidio gwario arian arno ef ei hun, mae'n rhaid imi gyfaddef fy mod i'n edmygu ei agwedd ef a'i genhedlaeth a'r ffaith nad oedd nwyddau ffansi na delwedd bersonol o dragwyddol bwys iddynt. Gwn y byddai 'nhad yn eithaf beirniadol ohonof heddiw petai'n fyw, ond byddwn yn dadlau yn erbyn ei feirniadaeth gan ddweud 'mod i'n ceisio gwneud fy rhan fechan i hyrwyddo busnes drwy gyfrwng y Gymraeg ac i gadw tir Cymru yn nwylo pobl Cymru. Y gwir yw na all un dyn busnes wneud fawr iawn o wahaniaeth yn y cyfeiriad hwn ond petai rhai cannoedd yn ymroi i greu cyfalaf a'i fuddsoddi'n ôl i mewn i wahanol fusnesau Cymreig yn gyffredinol, yna byddai modd cryfhau cymdeithas a Chymreictod. Gall arian lefaru dim ond wrth iddo gael ei ddefnyddio'n adeiladol.

Credai fy rhieni mai arbed arian a'i gynilo at y dyfodol oedd yn bwysig. Fel llawer o blant Cymru yn ystod y cyfnod rhwng y ddau ryfel byd, fe'u magwyd i fod yn ddarbodus. Petaent wedi prynu eiddo yn ystod y 1960au a'r 1970au byddent wedi adeiladu ymerodraethau bychan erbyn hyn a gellid bod wedi atal llif y mewnlifiad i rai graddau.

Yn bersonol, fe gymerais arweiniad gan fy mam! Petawn wedi anwybyddu ambell un o'i phregethau, buaswn wedi buddsoddi mwy mewn eiddo a chynilo llai. Ceidwadaeth cefn gwlad oedd yn gyfrifol am y ffaith nad oeddwn yn ddigon parod i fentro i brynu eiddo. Wrth edrych dros fy ysgwydd roedd dechrau'r 1980au yn gyfle amserol. A ninnau newydd ffarwelio â degawd cyntaf yr unfed ganrif ar hugain, mae'r sefyllfa yng Nghymru yn bur wahanol. Mae gwasgfa 2008/09 wedi dangos craciau yn yr economi ac mae llawer o unigolion a busnesau yn wynebu amseroedd llwm oherwydd eu bod wedi gorfenthyg. Mae cyfleoedd ar y gorwel i fanteisio ar y cwymp ym mhris eiddo. Pan fydd y prisiau wedi gostwng dros 20%, bydd prynu yn sicr o fod yn ddewis adeiladol. Ambell dro mae dyn busnes llwyddiannus yn gorfod manteisio ar gwymp a methiant eraill. Gwaetha'r modd does dim dianc rhag hynny. Dyna'r gyfundrefn gyfalafol yr ydym yn rhan ohoni.

I'r sawl sy'n ddigon ffodus o fod wedi llwyddo dros y blynyddoedd diwethaf, daw cyfle i fuddsoddi mewn busnesau newydd a gweithredu o bosib fel 'angel busnes'. Golyga hyn fod rhaid gwneud gwaith ymchwil manwl i gynlluniau busnes a ffigyrau gwerthiant y busnesau yr ydych yn anelu at fod yn rhan ohonynt. Mae'n gyfle felly i roi dipyn o ffrwyth eich llwyddiant yn ôl i mewn i'r rhwydwaith a fu'n rhan mor amlwg o'ch bywyd. Golyga hyn eich bod yn buddsoddi mewn busnesau sy'n agos at eich calon. Mae teimlo eich bod wedi bod yn rhan o fenter leol yn llawer brafiach na theimlo eich bod wedi prynu cyfranddaliadau mewn cwmnïau mawr rhyngwladol. Os byddwch yn prynu cyfranddaliad mewn siop bentref neu dafarn yn y dref agosaf, byddwch yn gallu gwylio datblygiad y busnes o ddydd i ddydd. Mae hynny ynddo'i hun yn deimlad braf iawn ac yn rhoi boddhad.

Cynnal yr 'angerdd' / Diarhebion ar gyfer busnes

Mewn busnes mae'n rhaid cael angerdd. Mae teimlo angerdd tuag at eich cynnyrch a'ch amcanion yn sicr o arddangos ei hun os ydych yn llwyddiannus. Mae'n rhaid cael yr un angerdd at fusnes ag sydd ei angen i fynd ar lwyfan i ganu neu ar faes rygbi i chwarae. Mae 'angerdd' yn air cryfach na'r gair Saesneg 'passion'. Rwy'n teimlo fod angerdd Cymro, fel rhan o wlad leiafrifol, yn dod o ddyfnder ei galon. Efallai bod hyn yn ddweud emosiynol ac arwynebol ond teimlaf ein bod ni fel Cymry yn medru dyrchafu ein hunain uwchlaw ein gallu naturiol. Dylem bob amser geisio gwneud yn fawr o'r ddawn unigryw hon.

Mae angerdd mewn busnes yn cyd-fynd â chenhadaeth

fusnes. Mae llawer o fusnesau yn gosod y syniad o gynnal cenhadaeth (*mission statement*) fel rhan o fframwaith a chyfansoddiad yr holl fusnes. Mae rhai busnesau yn canolbwyntio ar wella iechyd neu ar gael gwared ag afiechydon. Mae'r bobl sy'n ymwneud â busnesau o'r fath yn sicr o gael boddhad arbennig wrth weld eu gwaith yn dwyn ffrwyth. Bydd yr angerdd a'r genhadaeth yn cyplysu i roi gwefr i'r unigolion hyn, ond os yw'r busnes yn tyfu'n enfawr neu'n cael ei brynu gan gorfforaeth amhersonol, yna mae'n bosib y bydd gwefr ac angerdd y genhadaeth yn pallu. Dyma felly egluro rhinweddau busnesau llai. Mae angerdd yn arwain at genhadaeth ac mae hynny yn ei dro yn sicrhau fod y busnes yn cadw ar lwybr cywir a threfnus.

Mae'n ddefnyddiol i fusnes fabwysiadu gosodiad neu ddyfyniad yn arwyddair neu ganllaw. Arwyddair Ysgol Uwchradd Dyffryn Conwy lle cefais fy addysg oedd 'A fo ben bid bont'. Roedd bathodyn yr ysgol ar fy mlesar ddu drwy gydol y blynyddoedd y bûm i yno a hyd heddiw byddaf yn rhoi pwys ar gynnwys y ddihareb, sef bod angen i bob pennaeth neu arweinydd allu pontio a chynnig cymorth i eraill o'i gwmpas er mwyn cael y gorau o fywyd yn gyffredinol. Mae nifer o ddiarhebion Cymraeg yn eu cynnig eu hunain fel canllawiau busnes defnyddiol. Yr eironi yn hyn o beth yw nad ydym wedi eu defnyddio i ddibenion ehangu busnes. Un o'r prif ddiarhebion a ddysgais yn Ysgol Gynradd Pentrefoelas oedd 'Oni heuir ni fedir'. Pa ddywediad gwell i gynnal gweledigaeth eich busnes! Mae dihareb yn gallu ysbrydoli dyn i wella ei amgylchiadau a gall fod yn gyfrwng i asesu maint eich llwyddiant. Gwyddom, er enghraifft, mai 'dyfal donc a dyrr y garreg' – beth am ystyried a ydym wedi dyfalbarhau yn ddigonol? Os nad ydym yn dyfalbarhau yna mae'n bosib na wnaiff y garreg fyth dorri.

Dyma nifer o ddiarhebion Cymraeg a all fod o ddefnydd i ddyn busnes wrth iddo anelu at gyflawni ei genhadaeth o fewn ei fusnes ac o fewn ei fywyd yn gyffredinol:

Deg o'm hoff ddiarhebion

1. 'Adfyd a ddwg wybodaeth a gwybodaeth ddoethineb'
   (Gallwn ddysgu llawer o ganlyniad i gyfnodau gwael a
   chamgymeriadau)

2. 'Cadw ci a chyfarth eich hun'
   (Mae modd dysgu eraill i gyflawni tasgau ar eich rhan)

3. 'Deuparth llwyddiant, diwydrwydd'
   (Gwaith caled sy'n gyfrifol am ddwy ran o dair o'r broses o
   lwyddo)

4. 'Gorau arf, arf dysg'
   (Mae dyn busnes llwyddiannus yn meddu ar ddigon o
   wybodaeth am ei gynnyrch. Ni allwch werthu cyfrifiadur
   na char oni bai eich bod yn deall dipyn am ei gyfansoddiad.)

5. 'Gorau trysor, daioni'
   (Os oes gennych genhadaeth a gweledigaeth dda i'ch
   busnes yna byddwch yn cael mwy o bleser wrth
   ymgyrraedd at eich nod)

6. 'Nid aur yw popeth melyn'
   (Dysgwch eich hun i beidio â chredu bod rhywbeth yn
   ddelfrydol a llawn potensial nes y byddwch wedi ei
   astudio'n ofalus)

7. 'O gyfoeth y daw gofid'
   (Nid gwneud arian yw prif nod dyn busnes effeithiol.
   Mae llawer o bethau pwysicach na llenwi eich poced eich
   hun.)

8. 'Tri chynnig i Gymro'
   (Gall dyfalbarhad y Cymro ei wneud yn unigolyn di-ildio ac
   felly yn benderfynol o lwyddo)

9. 'Ym mhob pen y mae piniwn'
(Dysgwch wrando ar farn y rhai sydd o'ch cwmpas yn y gweithle)

10. 'Yr hen a ŵyr, yr ieuanc a dybia'
(Dyma ddihareb yr wyf bellach yn hoff iawn o'i dysgu i'r bobl ifanc sy'n gweithio gyda mi yn y busnes)

Angerdd busnesau bychain Cymru

Nid yw dyfodol byd busnes ym Mhrydain yn ymddangos yn sefydlog ac nid yw'r dyfodol agos yn argoeli'n addawol ar gyfer dechreuad y degawd newydd hwn. Mae busnesau manwerthu (*retail*) mawr yn gwanio ac mae ffigyrau elw cwmnïau bwyd a dillad amlwg wedi gostwng yn sylweddol. Mae economegwyr yn darogan gwae ac mae dynion y siwtiau pinstreip yn Llundain yn poeni. Mae hyn oll yn anochel yn wyneb y ffaith fod y cwmnïau mawr wedi ffynnu a chasglu elw mawr dros y degawd diwethaf. Bydd dirwasgiad yn digwydd pan fo nifer o gwmnïau mawrion yn cwympo a llawer o bobl yn colli eu cyflog a'u swyddi. Lle bo ardaloedd eang a gwledydd cyfan yn fwy dibynnol ar rwydwaith o fusnesau bach, mae dirwasgiad yn llai tebygol o ddigwydd.

Dylai'r patrwm presennol ddangos gwersi syml i arweinwyr gwleidyddol. Mae angen i economi Cymru allu ffynnu ar sail bodolaeth busnesau bychain a chanddynt weithwyr gydag angerdd a thân yn eu boliau ynglŷn â'u gwaith. Dylid rhoi cyfleoedd teg a chymorth i unigolion ddatblygu eu syniadau a'u hybu a'u galluogi i gyflogi gweithwyr – boed hynny'n dri neu'n ugain. Wrth gwrs, mae lle pwysig i fusnesau sy'n cyflogi mwy na hyn ond mae'n rhaid i'r economi beidio â bod yn orddibynnol ar y sector honno.

Fe all busnesau bychain gynnal yr angerdd heb orfod ehangu i fod yn fusnes mawr. Mae'n rhaid bod yn hyblyg, yn ddeinamig ac yn arloesol a rhaid chwilio am her newydd ac amrywiaeth ar gyfer y rhai a gyflogir.

Bydd llawer o fusnesau bychain yn wynebu argyfwng

cyfeiriad pan ddaw eu harweinyddion gwreiddiol i ddiwedd eu cyfnod gweithio. Mae'n bwysig ystyried a pharatoi at y cyfnod hwn a darparu ar gyfer y dyfodol. Bydd llawer yn gwerthu'r busnes neu hyd yn oed yn cau'r drysau. Mae hynny'n bechadurus. Un rhan bwysig o'r gwaith o greu busnes llwyddiannus yw'r gred yn ei ddyfodol tymor hir. Os yw hynny'n golygu bod yn rhaid creu cwmni cyfyngedig neu hyd yn oed ehangu'r busnes, mae hynny'n well na gwerthu a rhedeg ymaith efo'r arian. Eich plentyn chi yw'r busnes yr ydych wedi'i greu ac mae ei werthu er mwyn cael anghofio amdano rywsut yn weithred drist. Efallai nad ydych yn cytuno â mi yn hyn o beth, ond yn bersonol rwyf i'n anelu at ryw lun o barhad i'm busnes, a hynny ar ôl fy nyddiau i.

Un busnes sydd wedi parhau dros genedlaethau ac sydd wedi ehangu ar raddfa fawr yw Golchfa Ddillad Afonwen ger Pwllheli. Busnes teuluol lleol Cymreig a sefydlwyd gan yr Oweniaid yn y 1950au ydoedd yn wreiddiol. Trwy ymroddiad cenedlaethau o arweinwyr a gweithwyr, daeth yn fusnes sy'n cyflogi 160 o weithwyr erbyn heddiw. Yn 2008 agorodd y cwmni ganolfan newydd yng Nghaerdydd a gostiodd £5 miliwn gyda chymorth sylweddol y Cynulliad. Mae ganddynt 'chwaer gwmni' yn Efrog hefyd. Prynwyd y cwmni yn 1976 ond llwyddwyd i gadw cymeriad Cymreig y gwaith a'r gwasanaeth gan dynnu busnes a chontractau gan westai ar hyd a lled Cymru ac o ogledd-orllewin Lloegr. Mae'r cwmni cyfan yn gallu golchi hyd at 1.2 miliwn dilledyn yr wythnos.

Nid oes gan y Cynulliad Cymreig arian mawr i'w daflu at fusnesau. Ni ddylai unrhyw un gael camargraff ynglŷn â hynny, ond mae 'na gronfeydd newydd, diweddar a all fod o gymorth wrth sefydlu busnes. Enghraifft ddiweddar yw'r gronfa a lansiwyd i hybu busnesau creadigol a chelfyddydol eu naws, sef Cronfa Eiddo Creadigol a Deallusol (*Creative and Intellectual Property Fund*). Mae'r mathau o fusnesau technolegol a all ddefnyddio'r ffynhonnell arian hon yn fusnesau a all chwarae rhan bwysig yn nyfodol yr economi Gymreig a gall busnesau bychan iawn fod yn gymwys i dderbyn cymorth ariannol er mwyn eu sefydlu eu hunain. Mae llu o ffynonellau yn cynnig grantiau, yn enwedig os yw'r busnes arfaethedig yn greadigol neu'n cynhyrchu pethau. Mae'r prif ffynonellau cymorth eraill yn cael eu gweithredu gan 'Cymorth Hyblyg i Fusnes' (www.fs4b.wales.gov.uk) a 'Cyllid Cymru' (www.finance wales.co.uk). Ond er manteision y rhain i gyd mae arnoch angen un peth pwysicach i gadw busnes ar ei draed, sef yr angerdd sy'n ei gynnal. Nid ydym fel Cymry yn fyr o angerdd ond mae'n ffaith siomedig nad ydym yn defnyddio'r angerdd hwnnw a'i gyfeirio fwyfwy tuag at fyd busnes.

Y weledigaeth o'ch blaen

Pan fyddwch yn dechrau ar unrhyw dasg ceisiwch egluro diben y dasg i chi eich hun. Mae hyn yn golygu bod rhaid rhoi ymroddiad emosiynol i'r gwaith sydd o'ch blaen. Golyga fod rhaid cael gweledigaeth un ai ar gyfer y tymor byr neu ar gyfer y tymor hir. Os byddwch yn penderfynu ailwampio eich gweithdy, yna mae'n rhaid ichi ystyried sut a phryd y daw'r weledigaeth yn gyflawn. Os ydych yn gosod nod i gynyddu gwerthiant, yna mae'n rhaid ichi allu meddwl yn eglur ynglŷn â sut a phryd y bydd y cynnydd hwnnw'n dwyn ffrwyth. Ni chredaf y dylid gosod gweledigaeth sy'n edrych yn rhy bell i'r dyfodol. Os yw hynny'n digwydd, mae perygl inni golli golwg ar y weledigaeth sylfaenol.

Nid oes raid i unrhyw weledigaeth fod yn gymhleth nac uchel-ael. Gallwch osod nod a fydd yn gwneud digon o elw ichi allu prynu cegin newydd i'ch tŷ. Yn fy hanes personol i, fe ddilynais lawer ar amcanion syml fel hyn ar y dechrau. Gosodais amcanion a gweledigaethau mwy uchelgeisiol ar ôl imi groesi trothwy fy neg ar hugain oed. Pan oeddwn yn dri deg pump, gosodais nod yn fy meddwl o gyrraedd trosiant blynyddol o bum miliwn o bunnoedd pan fyddwn yn ddeugain. Llwyddasom i gyrraedd y nod honno drwy weithio oriau hir ac aberthu dipyn bach ar ochr gymdeithasol bywyd. Efallai'n wir imi fod yn euog o amddifadu fy nyletswyddau teuluol yn ystod y cyfnod hwnnw ac oherwydd hyn mae modd dadlau fy mod wedi effeithio'n negyddol ar yr unigolion agosaf ataf. Dylai dyn busnes da fedru cadw cydbwysedd rhwng ei weledigaethau busnes a'i fywyd teuluol.

Mae pen draw gweledigaeth bob un ohonom yn dibynnu ar ein hymroddiad ni ein hunain. Mae dyfodol pawb yn ei ddwylo ei hun. Ni all neb fod yn sicr o gyrraedd ei weledigaeth derfynol ond os byddwn yn canolbwyntio ar ein breuddwydion a'n hamcanion, yna bydd gennym ddylanwad mawr ar yr hyn y byddwn yn ei gyflawni. Mae'n rhaid inni gredu ein bod yn gallu cyflawni yn ogystal â chredu y byddwn yn llwyddo i gyflawni ein bwriadau. Wedi dweud hyn i gyd, bydd llawer ohonom yn gorfod gofyn y cwestiwn anodd: 'Fedra i ddal i fynd ymlaen pan fydd pethau'n mynd yn anodd a phan fydd anawsterau a rhwystrau yn dechrau mynd yn drech na fi?'

Daw amser mewn bywyd pan fydd yn rhaid pwyso a mesur yn ofalus ac felly bydd llawer ohonom yn penderfynu dal yn ôl neu beidio â chymryd yr her oherwydd bod y pwysau arnom ni ein hunain a'n teuluoedd yn dechrau gorbwyso'r manteision positif. Y gwir yw bod pob dyn busnes yn sicr o brofi methiant a llwyddiant ond os bydd yn glynu at y rheolau a'r weledigaeth yna bydd gobaith da am lwyddiant. Dyma ddywedodd Winston Churchill: 'Llwyddiant yw symud o fethiant i fethiant heb golli brwdfrydedd.'

Gweledigaeth miliwnyddion Prydain

Dros y degawd diweddaraf, daeth hi'n ffasiynol i unigolion amlwg ysgrifennu hanes datblygiad eu gyrfa mewn busnes mewn llyfrau hunangofiannol. Mae naws y llyfrau hyn i gyd yn eithaf tebyg. Maent yn ffurf ar froliant ac yn ceisio argyhoeddi'r darllenydd eu bod nhw'n enghreifftiau delfrydol i'w harddel. Erbyn hyn rwyf wedi darllen llawer ohonynt hyd at syrffed. Maent oll yn canu'r un gân ac yn mawrygu eu harddull eu hunain. Nid ydynt yn ystyried bod unrhyw beth o'i le mewn ymroi yn llwyr i gasglu cyfoeth personol. Mae ambell un, ar y llaw arall, yn dweud mai prif amcan eu cenhadaeth fusnes yw rhoi rhywbeth yn ôl i'r gymdeithas. Pan fydd hyn yn digwydd ac os bydd cymdeithas yn elwa o'u hymroddiad, yna mae'n anodd beirniadu eu gwaith. Nid oes dwywaith fod dynion fel yr Americanwr Bill Gates wedi cyflwyno llawer o fanteision ar gyfer cenedlaethau i ddod. Mae hyn oll, fodd bynnag, yn amherthnasol i Gymru i raddau helaeth, yn arbennig i rannau gwledig a gorllewinol ein gwlad. Nid oes digon o ddwyster poblogaeth yma i unigolion allu ehangu eu busnesau ar raddfa ddwys. Yr hyn sydd angen ei boblogeiddio yng Nghymru yw pwysigrwydd ac atyniad sefydlu busnesau bychain llwyddiannus. Ni all bandiau roc Cymreig ennill lle ar lwyfannau byd eang ond mae modd iddynt fwynhau a ffynnu ar lwyfannau Cymru. Dyma'r agwedd sydd angen ei dyrchafu ym mywyd busnes Cymru.

Mae cwmnïau mawr sy'n cael eu rheoli gan unigolion cyfoethog yn tueddu i ddylanwadu'n rhy hawdd ar lywodraethau lleol. Ugain mlynedd yn ôl dechreuodd cwmnïau siopau mawr ddatblygu unedau enfawr ar gyrion trefi. Mewn cyn lleied â phum mlynedd roedd cwmnïau fel B&Q wedi codi siediau mawr amhersonol y tu allan i Fangor ar ffordd Caernarfon. Rhyw flwyddyn cyn i hynny ddechrau, roeddwn i wedi ymholi yn yr adran gynllunio leol ynglŷn â'r posibilrwydd o gael caniatâd i adeiladu modurdy ar y safle. Roedd yr atebion a gefais yn awgrymu fy mod yn byw mewn breuddwyd! Mae'r siopau mawrion hyn yn y pen draw wedi difa llawer o fusnesau bychain ac nid ydynt mewn sawl agwedd, yn amlach na pheidio, yn cynnig gwasanaeth cystal â'r siopau traddodiadol. Wrth imi fynd yn hŷn a dod fymryn yn fwy dylanwadol, roedd swyddogion yr awdurdod lleol yn dangos mwy o barch tuag ataf. Mewn gwirionedd, nid fel hyn y dylai pethau fod. Dylai awdurdodau lleol fod yn barod i ymdrechu i roi cymorth i fusnesau lleol cynhenid yn hytrach na chael eu prynu gan arian cwmnïau cyhoeddus Llundeinig. Dylent sefydlu adrannau sy'n canolbwyntio'n llwyr ar ddenu pobl ifanc i greu busnesau newydd. Ein hieuenctid yw dyfodol ein heconomi a rhaid rhoi cyfle teg iddynt a'u hysgogi i greu unedau busnes o'u pen a'u pastwn eu hunain.

Dylanwad y teledu a'r cyfryngau yn y broses o hyrwyddo busnes

Drwy gyfrwng rhaglenni diweddar megis *Dragon's Den*, *The Apprentice* a *Tycoon* fe boblogeiddiwyd y syniad o sefydlu busnes. Mae rhai agweddau ar y rhaglenni hyn yn adeiladol ac yn gallu denu unigolion tuag at y syniad o sefydlu busnes, ond gall rhaglenni o'r fath gamarwain hefyd. Maent yn awgrymu mai syniad da sydd ei angen i sefydlu busnes llwyddiannus; nid ydynt yn gallu arddangos yr holl lafur sy'n angenrheidiol wrth ddechrau ar y daith tuag at entrepreneuriaeth. Ni ddylid gor-ramanteiddio'r manteision sydd i'w cael o ddod yn ddyn busnes annibynnol. Mae'r miliwnyddion sy'n beirniadu o'u cadeiriau yn unigolion ag ego enfawr. Mae'n amlwg eu bod yn hoff o gael sylw a chanmoliaeth. Nid oes raid i ddyn busnes chwilio am sylw na chanmoliaeth. Angen pennaf dyn busnes yw bod yn fodlon gyda'i waith a'i genhadaeth ei hun a bod yn fodlon ar yr amcanion a'r gwerthoedd y mae'n ymdrechu i'w gweithredu.

Mae rhaglenni teledu am fyd busnes yn gallu bod yn werthfawr os ydynt yn cyflwyno ffeithiau a gwybodaeth adeiladol a hynny mewn dull adloniadol. Mae rhaglen deledu yn werthfawr os yw'n gallu ysgogi a hybu pobl i feddwl ac i ddefnyddio'u syniadau o fewn eu bywydau bob dydd. Mae camgymeriadau'r cystadleuwyr hefyd yn cynnig addysg adeiladol i'r gwylwyr. Gwaetha'r modd, nid yw'r rhaglenni hyn yn dangos y pwysau meddyliol sy'n gallu datblygu o fod yn rheolwr ar eich busnes eich hun ac wrth i chi geisio talu eich dyledion. Nid ydynt yn arddangos yr ansicrwydd a all ddod i'ch rhan wrth ichi orfod gofyn a fydd cyflog ar ôl i chi ar ddiwedd y mis.

Un elfen amlwg sy'n fy nharo i wrth wylio'r rhaglenni hyn yw bod y sawl sy'n llwyddo o fewn byd busnes yn amlach na pheidio yn unigolion eithaf hoffus ac apelgar yng ngolwg eraill. Dylai'r rhaglenni hefyd arddangos fod pleser cymdeithasol i'w gael o lwyddo mewn busnes ond ni ddylent beri i bobl gredu fod bywyd dyn busnes yn debyg i fywyd pêl-droediwr neu aelod o fand roc. Pam, o! pam nad yw S4C yn darlledu rhaglenni ar fusnes? A yw llywodraethwyr y sianel yn credu mai pobl ddi-

Gymraeg yw'r unig rai yng Nghymru sy'n ymddiddori mewn busnes? Mae trwch helaeth o'r boblogaeth, ar y cyfan, yn mwynhau gwylio rhaglenni o'r fath; mae rhaglenni realaeth yn rhad i'w cynhyrchu ac mae hi'n ddyddiau gweddol lwm ar economi'r diwydiant teledu Cymraeg. Felly mae'n anodd deall pam nad oes mwy o bwyslais ar wneud rhaglenni fel hyn, gyda fformat mwy addas ar gyfer entrepreneuriaid mewn cymdeithasau llai poblog eu nifer a mwy gwledig eu daearyddiaeth. Mae poblogeiddio busnes yn genhadaeth bwysig. Gallai'r cyfryngau torfol chwarae rhan bwysig yn y genhadaeth hon. Mae ar Gymru fwy o angen pobl fusnes na llenorion ac artistiaid. Mae dyfodol Cymreictod yn dibynnu i raddau helaeth ar y rhan fydd ein pobl ifanc yn ei gymryd o fewn byd busnes. Dylai sefydliadau megis y Sioe Frenhinol a'r Eisteddfod Genedlaethol chwilio am ffyrdd newydd i hybu entrepreneuriaeth drwy gydnabod a gwobrwyo pobl fusnes sy'n llwyddo. Mae'r posibiliadau'n ddiddiwedd. Fe all clodfori entrepreneuriaeth arwain at ffyniant oddi mewn i'n cymunedau a hynny mewn dulliau economaidd, cymdeithasol a diwylliannol.

Y sectorau busnes amrywiol – beth yw'r ffordd ymlaen i Gymru?

• Entrepreneuriaeth fechan a chanolig

• Symud o'r sector fechan/ganolig i'r sector fusnes fawr

• Sylwadau cyffredinol ar y patrwm yngNghymru

• Dylanwad sefydliadau academaidd ar y sectorau busnes yng Nghymru

Y sectorau busnes amrywiol – beth yw'r ffordd ymlaen i Gymru?

Yn y bennod hon hoffwn ddehongli'r gwahanol sectorau busnes sy'n bodoli yng Nghymru a Phrydain. Mae llawer o awduron yn gwahaniaethu wrth greu modelau a diffiniadau o'r sectorau sydd i'w cael o fewn byd busnes. Mae'r tudalennau nesaf yn ymdrech i symleiddio'r patrwm, gan gymryd cipolwg ar y sefyllfa yng Nghymru. Drwy astudio'r ffigyrau blynyddol a gyhoeddir dan nawdd Llywodraeth y Cynulliad ar y cyd â busnesau preifat, gellir gweld y sefyllfa fel ag y mae ac wrth wneud hynny gellir trafod pa fathau o wahanol fusnesau sy'n fwy tebygol o fod yn addas i ddatblygiad economi Cymru yn y dyfodol.

Dyma'r tri phennawd sy'n cael sylw yma:

Entrepreneuriaeth fechan a chanolig (*small and medium enterprise* neu '*SME*')

Symud o'r sector fechan/ganolig i'r sector fusnes fawr

Sylwadau cyffredinol ar sefyllfa'r sectorau hyn yng Nghymru

Drwy gymryd cipolwg ar y penawdau uchod, efallai y daw hi'n haws i fusnes ystyried sut yn union y gellir ymdoddi i'r gyfundrefn ac o bosib creu gweledigaeth tymor byr a thymor hir ar gyfer eich busnes eich hun o fewn y gyfundrefn hon.

Entrepreneuriaeth fechan a chanolig

Dengys y patrwm diweddar o ddatblygiad entrepreneuriaeth o fewn gwledydd Gorllewin Ewrop ac o fewn y byd sy'n datblygu fod busnesau bychan a chanolig eu maint (*SMEs – small/medium enterprises*) yn dod yn amlycach na busnesau mawr. Mae'r diffiniad o ystyr 'mentrau bychan a chanolig' yn amrywio, ond yn gyffredinol gellir eu cwmpasu fel busnesau sy'n cyflogi rhwng 9 a 50 o weithwyr. Wrth gwrs gellir rhannu'r math hwn o fusnes yn is-ddosbarthiadau. Mae rhai llyfrau academaidd yn cyfeirio at fusnesau sy'n cyflogi llai na 9 o weithwyr fel microgwmnïau (*microfirms*). Bydd y rhain yn cael eu rheoli'n uniongyrchol dan arolygaeth y perchennog.

Wrth gynnal microgwmni, un broblem yw bod gweinyddu'r busnes yn aml yn or-ddibynnol ar bresenoldeb y perchennog. Daw bywyd yn haws iddo ef a'i staff drwy ehangu, os oes modd gwneud hynny. Mewn geiriau eraill, mae creu rheolwyr ac is-reolwyr yn ei gwneud yn haws i'r busnes sefyll ar ei draed ei hun ac os daw hi'n rheidrwydd i werthu, yna bydd hi'n haws gwneud hynny os yw'r busnes yn gallu gweithio a datblygu heb y perchennog.

Dyma'r math o fusnes yw'r busnes ceir yr wyf fi wedi ymdrechu i sefydlu. Yng Nghymru, ac yn arbennig yn y gorllewin, mae'n anos sefydlu busnesau mawr am resymau gweddol amlwg ond mae un busnes bychan yn gallu arwain at greu neu hybu busnes bychan arall ac felly mae modd creu plethiad enfawr o fusnesau sy'n rhyngweithio. Golyga hyn hefyd nad yw methiant unrhyw un busnes o angenrheidrwydd yn debygol o gael effaith niweidiol ar yr economi.

Wrth i safonau technegol, trefnyddol a marchnadol busnesau bach wella, yna mae'n bur debygol y bydd safon yr economi'n gyffredinol yn esblygu a ffynnu. Mewn busnes mae un cam yn arwain at y llall ac felly mae'r plethiad lluosog yn arwain at greu mwy o amrywiaeth o fusnesau. Dyma un ffaith ddiddorol a gyhoeddwyd gan yr Undeb Ewropeaidd yn 2005: mae 23 miliwn o fusnesau bach a chanolig o fewn yr Undeb yn cynnal 75 miliwn o swyddi a nhw sy'n gyfrifol am 99% o gyfanswm yr holl fentrau a busnesau sy'n bodoli.

Mewn coleg technegol ym Massachusetts yn ystod y 1980au, gwnaed gwaith ymchwil pwysig gan Americanwr o'r enw David Birch. Profodd mai mentrau a gyflogai lai na 20 o weithwyr oedd yn gyfrifol am dros ddwy ran o dair o'r cynnydd diweddar mewn cyflogaeth yn yr Unol Daleithiau. Defnyddiwyd ei fodelau i ymchwilio ledled y byd datblygedig a phrofwyd fod yr un peth yn wir ym mhob gwlad. Dyma a arweiniodd lywodraethau gwahanol i roi pwyslais newydd ar ddatblygu a hyrwyddo busnesau bach. Hyn sydd i gyfrif am y ffaith fod dros bedair miliwn o fusnesau o'r fath ym Mhrydain heddiw. Dwy filiwn oedd yn bodoli ym 1980. Yng Nghymru, mae'r cynnydd yn llawer llai ac mae hynny ynddo'i hun yn awgrymu fod agoriadau posib ar gael i'r sawl sydd am fentro i faes y busnesau bychan.

Symud o'r sector busnes bach i fusnes mawr

I gamu o'r sector fach i'r sector fawr mae'n amlwg fod rhaid i nifer o bethau ddigwydd. Yn wir, mae'n rhaid creu sefyllfa sy'n gallu eich arwain i'r cyfeiriad hwn ond dylid bod yn ymwybodol iawn y gall hyn olygu newid gwerthoedd a gwneud ichi edrych ar fywyd a chymdeithas mewn ffordd bur wahanol.

Nid yw hi'n deg nac yn gyfiawn gweld bai ar unigolion sydd wedi llwyddo i greu busnesau mawr – yn wir, gall hynny ymddangos yn ymateb eiddigeddus – ond bu'n rhaid i'r rhai oedd wedi sefydlu busnesau sy'n cyflogi cannoedd o bobl ystyried newid eu hegwyddorion yn sylfaenol yn ddiweddar, gan fod yr economi byd-eang yn arwain busnesau o'r fath i ddefnyddio adnoddau a gweithwyr o wledydd tramor er mwyn gweithredu'n gystadleuol. Bu llawer o sôn am siopau dillad adnabyddus sy'n cynhyrchu eu dillad mewn ffatrïoedd llafur rhad yn ne-ddwyrain Asia. Ynddynt mae plant yn gweithio oriau hir mewn amgylchiadau truenus, a hynny am gyflog isel, er mwyn i bobl y Gorllewin gael gwisgo dillad ffasiynol am brisiau isel. Mewn unrhyw ddiwydiant mawr bellach mae'n bosib, os nad yn debygol, fod gweithwyr mewn gwledydd tlawd yn cael eu defnyddio'n rhywle o fewn y gadwyn gynhyrchu.

Mae ystyried ehangu i greu busnes cynhyrchu sy'n cyflogi dros 50 o weithwyr yn sicr o olygu bod rhaid defnyddio ffynonellau rhatach, ble bynnag y bo modd eu canfod. Mae'n annhebygol y gellid cyflawni'r gwaith i gyd yng Nghymru oherwydd y costau cyflogi uwch. Hyn sy'n gyfrifol am ddirywiad y diwydiant gwneud dillad mewn mannau fel y Bala, Ceredigion a Sir Gaerfyrddin. Wedi dweud hynny, os ydych yn digwydd cael syniad tu hwnt o dda a llwyddo i gynhyrchu rhywbeth unigryw, yna mae'n bosib y gallech fod yn llwyddiannus. Mae modd ehangu a chamu ymlaen i'r sector fawr drwy ehangu busnesau manwerthu (*retail*) hefyd. Os mai eich nod yw bod yn gyfoethog, yna mae'n rhaid ichi wasanaethu mwy o bobl. Mae graddfa twf unrhyw fusnes yn newid yn syfrdanol pan fo'n lluosi ei ganolfannau gwerthu a chyflenwi. Ar y dechrau, un awyren oedd gan Virgin Airways ond pan ehangodd y fflyd i dri chant o awyrennau, roedd yr elw'n naturiol yn cynyddu ar raddfa enfawr. Wrth ehangu mae'n rhaid i'r perchennog ei hunan gamu i'r cefndir. Mae'n rhaid iddo fod wedi adeiladu strwythur a ffurfiant sy'n gallu sefyll ar ei draed ei hun heb iddo ef orfod bod yn bresennol. Ond yn fwy na hyn mae'n rhaid i fusnes bychan sydd am droi yn fusnes mawr gael gweledigaeth a chenhadaeth i'w cyflawni. Mae'n rhaid i'r busnes argyhoeddi ei hun fod gwerth a phwrpas arbennig i'w amcanion ac mai ei nod yn y pen draw yw datrys problem neu gyflenwi angen.

Petaech yn cael y cyfle i ehangu, yna mae'n rhaid creu tîm sy'n arddel brwdfrydedd a safonau uchel. Fel perchennog busnes, eich gwaith chi yw gwneud hynny ac mae'n rhaid denu'r unigolion cywir i fod o'ch cwmpas a chreu rhyw fath o 'gôd anrhydedd' anweledig sy'n gwneud i bawb ymfalchïo yn y ffaith ei fod yn aelod o'r tîm. Dyna oedd rhinwedd fawr Carwyn James a rhai o hyfforddwyr mwyaf llwyddiannus timau rygbi Cymru. Dyna pam roedd y tîm yn ennill.

Mae llu o lyfrau wedi'u cyhoeddi ynglŷn â chreu busnesau mawr, llwyddiannus. Mae darllen hunangofiannau perthnasol yn ffordd ddifyr ac effeithiol o astudio'r broses. Nid manylu ar sut y mae gwneud hynny yw diben y llyfr hwn fodd bynnag. Un gŵr hynod o lwyddiannus a sefydlodd yng ngogledd Cymru yw Malcom Walker sydd â'i wreiddiau yn Swydd Efrog. Cychwynnodd ar ei daith fel entrepreneur drwy werthu mefus ar ben Bwlch yr Oernant ger Llangollen, cyn penderfynu agor siop lysiau (llysiau wedi'u rhewi) yng Nghroesoswallt. Ym 1970, ac yntau'n 24 mlwydd oed, sefydlodd ei bencadlys ar lannau afon Dyfrdwy a gwnaeth Iceland yn gwmni cyhoeddus ym 1984 gan werthu gwerth 8 miliwn o bunnoedd o gyfranddaliadau. Erbyn 1996 roedd gan Iceland 752 o siopau ym Mhrydain. Dyma ei ateb pan ofynnwyd iddo am gyngor i'r sawl oedd am ddilyn ôl ei droed:

> I lwyddo mae'n rhaid ichi fod wirioneddol eisiau gwneud hynny. Allwch chi ddim mowldio eich hun i fod yn rhywbeth nad ydych mohono, felly penderfynwch beth ydych ei eisiau allan o'ch bywyd … Does dim byd yn anodd mewn rhedeg busnes. Mae'n cymryd ynni ac amynedd – syml!

Methodd Malcolm Walker yr arholiad 11+ ddwywaith. Llwyddodd i basio tri arholiad Lefel 'O' ac aeth i weithio ar lawr siop Woolworths am bron i saith mlynedd.

Ifor Williams a'i gwmni

Enghraifft o lwyddiant Cymreig ar waith. Cwmni bach yn tyfu i fod yn gwmni mawr.

Hanner canrif yn ôl y dechreuodd busnes teuluol Ifor Williams yn ardal Corwen ym mro Edeyrnion. Erbyn heddiw mae'n cyflogi dros 500 o weithwyr ar dri safle yng ngogledd Cymru. Y cwmni hwn yw cwmni trelars mwyaf Prydain a hyd yma maent wedi cynhyrchu dros 400,000 o drelars. Mae twf y busnes yn arddangos holl nodweddion gorau twf entrepreneuriaeth ac yn dangos sut y mae modd symud o'r sector busnes bach i'r sector busnes eang drwy esblygiad naturiol.

Rydym yng Nghymru yn barod iawn i roi arwyr cyhoeddus ar bedestal, yn chwaraewyr rygbi, cantorion, arlunwyr a llenorion. I mi, mae pobl fel Ifor Williams yn sefyll ben ac ysgwydd uwchlaw y rhain. Dros yr hanner canrif diwethaf, mae'r cwmni wedi cynnal teuluoedd lleol a rhoi amgylchiadau gwaith a bywyd safonol i gannoedd o bobl.

Drwy gydol y daith, bu'r pwyslais ar gynnal ansawdd a hynny drwy ddefnyddio'r dechnoleg ddiweddaraf. Llwyddwyd hefyd i gynhyrchu'r cydrannau gwahanol i gyd bron ar safleoedd y cwmni ac mae canolfan ddylunio a chynhyrchu gyfrifiadurol newydd wedi'i datblygu o fewn y cwmni'n ddiweddar. Maent yn canolbwyntio ar ddatblygu a chadw ar flaen y farchnad. Mae gan y cwmni hanner cant o ddosbarthwyr annibynnol yn gweithredu eu rhwydwaith o fewn y Deyrnas Unedig ac mae ganddynt ddosbarthwyr ychwanegol ym mhob gwlad yn Ewrop bron. Mae twf y cwmni hwn yn enghraifft wych o'r hyn sy'n bosib ac yn arddangos ôl cynllunio, paratoi a gwaith caled cyson. Erbyn heddiw, allforio sydd i gyfrif am 30% o'r gwerthiant.

Mae'r gweithwyr yn derbyn cyflogau sydd, ar gyfartaledd, yn uwch na'r cyflogau a gynigir drwy Brydain mewn ffatrïoedd a gweithfeydd cyffelyb. Busnes bychan â'i wreiddiau yn y gymdeithas Gymreig wledig amaethyddol yw busnes Ifor Williams ac erbyn heddiw mae'r gwahanol fathau o drelars y maent yn eu cynhyrchu i'w gweld ar hyd a lled Ewrop a rhannau eraill o'r byd. Yn 2009 roedd trosiant y cwmni dros £48,000,000 ac er iddynt gyflogi bron i 400 o weithwyr, llwyddwyd i wneud elw o 7 miliwn a hanner o bunnoedd.

I ehangu eich busnes bach a'i wneud yn fusnes ag iddo nifer o ganghennau ac adrannau newydd, mae'n rhaid chwilio am farchnad newydd. Daw hyn ar sail dwy ffactor amlwg:

a) Daearyddiaeth. Unwaith y byddwch wedi datblygu i uchafbwynt o fewn yr ardal yr ydych yn gweithredu ynddi, mae'n rhaid ehangu ac agor cangen mewn ardal arall. Os yw'r farchnad yr ydych yn gweithredu ynddi wedi'i hecsbloetio i'r eithaf, yna rydych wedi cyrraedd 'pwynt dirlawniad' (*saturation point*). Dim ond dau ddewis sydd gennych wedyn: un ai bodloni ar y busnes fel ag y mae a'i gynnal a'i gadw'n ffres neu ehangu a chreu canghennau newydd. Yng ngorllewin Cymru mae hyn yn anos gan fod y boblogaeth yn fwy gwledig. Yr unig ffordd y gallwn i ehangu fy musnes ceir yn effeithiol fyddai drwy greu adran newydd tua 30 milltir i ffwrdd. Gan fod manteision ac anfanteision gwneud hynny yn llai deniadol i mi a minnau dros fy hanner cant, rwyf wedi rhoi'r syniad o'r neilltu ar hyn o bryd.

b) Yr elfen ddemograffig. Canolbwyntio ar y math o gwsmeriaid sydd gennych o fewn eich ardal a'ch busnes ond gan anelu i'w cyflenwi â nwyddau sy'n ateb anghenion eraill yn eu bywydau.

Gellir gweld peth wmbreth o bosibiliadau o wneud hyn o fewn y diwydiant amaethyddiaeth, twristiaeth a gwasanaethau sy'n darparu ar gyfer pob sector o fewn y gymdeithas. Canolbwyntiwch ar un busnes lleol yr ydych chi'n gyfarwydd ag ef a threuliwch ychydig funudau'n ceisio ystyried sut y gallai'r busnes hwnnw ehangu o fewn yr ardal y mae'n ei gwasanaethu ar hyn o bryd. Gwnewch restr ar bapur o'r posibiliadau a ddaw i'ch meddwl.

Mae llawer o ffermwyr Cymru wedi cael eu gorfodi i arallgyfeirio yn ystod y blynyddoedd diwethaf. Mae hwn yn ddatblygiad anodd iawn gan ei fod yn gofyn am arbenigedd hollol newydd mewn maes gwahanol. Dyma pam y byddwch yn fwy tebygol o lwyddo i arallgyfeirio'n effeithiol os gallwch ddefnyddio'r wybodaeth a'r arbenigedd sydd gennych eisoes. Un o'ch adnoddau pwysicaf mewn busnes yw eich profiad a'ch gwybodaeth.

Mae llawer o gymorth a gwybodaeth ar gael ar y safleoedd gwe canlynol:

www.fs4b.wales.gov.uk
www.businessconnect.org.uk Rhif ffôn 0845 796798

Sylwadau ar y sectorau busnes amrywiol yng Nghymru

Yma mae'n briodol cymryd cipolwg ar y sector busnesau a chwmnïau mawr yng Nghymru. Ar droad 2010 cyhoeddwyd archwiliad blynyddol newydd ar y cyd rhwng cwmni cyfrifwyr Deloitte a phapur newydd y *Western Mail.* Teitl yr adroddiad yw 'Wales top 300'. Mae'r ffigyrau a'r siartiau a'r adroddiadau yn datgelu gwybodaeth ddadlennol.

Mae cyfanswm y boblogaeth weithiol yng Nghymru oddeutu 1.33 miliwn a dim ond 24% o'r rhain yn ôl pob tebyg sy'n gweithio'n uniongyrchol o fewn y sector breifat, tra bod y 76% arall yn gweithio mewn rhyw ffordd neu'i gilydd yn uniongyrchol neu'n anuniongyrchol o fewn y sector gyhoeddus. Mae llawer o fusnesau yng Nghymru sy'n ymddangos yn annibynnol ond eto'n dibynnu i raddau helaeth ar fodolaeth y sector gyhoeddus. Her enfawr i Carwyn Jones a'i gabinet a'r sawl fydd yn eu holynu yw ceisio newid y sefyllfa yma. Mae 11% o holl weithwyr Cymru yn gweithio o fewn y 300 cwmni mawr a nodir yn adroddiad y *Western Mail* (cyfanswm o 141,000 o weithwyr). Mae oddeutu 50,000 o'r gweithwyr yma yn cael eu cyflogi gan yr 20 cwmni mwyaf yn y 'Wales top 300'.

Dyma'r deg cwmni sydd ar frig y rhestr a gyhoeddwyd ar gyfer Ionawr 2010.

1. Iceland (bwyd) – Glannau Dyfrdwy
2. Admiral (yswiriant) – Caerdydd
3. Glas Cymru – Treharris
4. Lloyds – Casnewydd
5. Gwasanaeth awyrennau GE – Caerdydd
6. Celsa, dur – Caerdydd
7. Peacock's (siopau) – Caerdydd
8. Dow Corning – Bari
9. Calsonic – Llanelli
10. Alkoa UK – Abertawe

Y prif linyn mesur ar gyfer creu y tabl uchod yw cyfanswm trosiant blynyddol ac nid elw na chyflogaeth. Mae'n debyg mai cwmni dur Corus fyddai ar frig y rhestr ond ni chafodd ei gynnwys oherwydd bod cwmni Tata yn y broses o brynu'r cwmni.

O'r 100 uchaf, roedd 55 wedi'u lleoli yn y gogledd ond o'r 55 yma dim ond 5 sydd wedi'u lleoli yn y gogledd-orllewin. Dim ond 2 o'r 100 uchaf sydd wedi'u lleoli yn y de-orllewin a dim ond 1 yn y canolbarth. Mae llawer o'r awduron sy'n trafod yr economi yng Nghymru yn awgrymu mai mwy o fusnesau mawrion sydd eu hangen ond yn wyneb y gystadleuaeth a'r cymhlethdod fydd yn ein hwynebu yn ystod yr ugain mlynedd nesaf, oni fyddai'n talu inni beidio â rhoi gormod o wyau yn yr un fasged? Mewn geiriau eraill, mae'n well gweld ugain o gwmnïau bychan yn methu na gweld dau gwmni mawr yn mynd â'u pen iddynt. Mae effeithiau cymdeithasol methiant cwmnïau mawr yn llawer mwy andwyol na methiant cwmnïau bychan am y rheswm syml fod cwmni mawr yn cyflogi cyfran enfawr o'r boblogaeth o fewn un ardal. Dangosodd cwymp ffatri alwminiwm Dolgarrog, Dyffryn Conwy yn ddiweddar fod hyn yn wir. Bu'n rhaid i lawer o weithwyr symud o'r ardal a gadawyd creithiau dwfn ar nifer o bentrefi'r cylch. Mae gwleidyddion ac awduron yn gallu dadansoddi a dehongli ffigyrau ond yn amlach na pheidio nid ydynt wedi profi'r chwalfa emosiynol a all godi ymysg teuluoedd sy'n gorfod wynebu sefyllfa o ddirwasgiad economaidd o fewn eu hardal.

Er mwyn cynnal y diwylliant a chynnal niferoedd y plant yn yr ysgolion lleol mewn cymunedau a phentrefi gwledig Cymreig, mae angen canolbwyntio ar y sector fusnes sy'n cyflogi rhwng 8 ac 20 o weithwyr. Pe bai modd datblygu mwy o fusnesau cynhenid fel hyn, yna byddai'r economi yng ngorllewin a chanolbarth Cymru yn cryfhau ac yn sgîl hynny byddai cymunedau unigol yn elwa ar eu canfed. Os ydych yn byw mewn ardal fel hyn, ewch ati i feddwl am syniadau gwreiddiol a defnyddiwch lyfrau a gwybodaeth ar y we i'ch hybu. Mae popeth o'ch cwmpas yn llawn posibiliadau.

Mae angen cryfhau'r rhwydwaith o fusnesau bychan a chanolig eu maint felly, ac i wneud hynny mae angen i unigolion o fewn eu hardaloedd cynhenid fod yn barod i fentro, gan wybod ar yr un pryd nad oes crochan llawn aur ar y gorwel bob tro. Mae'n bryd i lywodraeth Cymru roi hwb i'r ardaloedd llai poblog ac mae'n amser i'r prifysgolion a'r sefydliadau addysg gyfrannu mwy i hybu busnes. Mae prifysgolion yn gwario miliynau ar bob math o waith ymchwil ond tybed a yw'r gwario hwn yn dwyn ffrwyth economaidd o fewn eu dalgylch? Mae'n amser i'r llywodraeth fynnu bod cyfraniad ein prifysgolion yn fwy adeiladol nag y bu dros y can mlynedd a aeth heibio.

A yw sefydliadau academaidd Cymru yn cyflawni eu dyletswydd tuag at hybu'r sectorau busnes yng Nghymru?

Mae dros 50,000 o fyfyrwyr yn astudio ym Mhrifysgol Cymru. Byddai'n ddiddorol gwybod yn union pa gyfran o'r rhain sy'n cyfrannu unrhyw beth tuag at hybu ac ehangu byd busnes yng Nghymru. Mae tabl ar gael sy'n dangos fod prifysgol Caerdydd ymysg deg uchaf prifysgolion Prydain o safbwynt proffil ymchwil. Dengys hyn eu bod yn gosod delfrydau uchel i'w harddel. Yn wir, fe dderbyniodd Syr Martin Evans, aelod amlwg o academyddion y brifysgol hon, wobr Nobel am waith yn y byd meddygaeth yn ddiweddar.

Yn ôl yr ystadegau a gyhoeddwyd yn sgîl archwiliad diweddar (*Addysg Uwch, archwiliad i'r rhyngweithio rhwng busnes a chymuned; HE-BCI*), Prifysgol Caerdydd sydd ar y blaen yn y maes hwn hefyd. Mae prifysgolion Prydain erbyn heddiw yn cyflawni gwaith ymchwil ar gyfer cwsmeriaid mewn busnes (*research contracts*). O'r holl waith 'contract ymchwil' sy'n cael ei wneud yng Nghymru, mae 39% ohono'n cael ei gyflawni yn y brifddinas, 25% yn Aberystwyth a 14% ym Mangor.

Prif ddiben 'ymgynghori busnes' yw dod â gwybodaeth sydd eisoes yn bodoli i mewn i fusnesau unigol gyda'r amcan o gryfhau a sefydlu'r busnes dan sylw. Mae'n amlwg fod Prifysgol Caerdydd yn ymdrechu'n ddiwyd i'r cyfeiriad hwn. Nid yn unig mae Caerdydd yn rhannu gwybodaeth ond mae hefyd yn flaenllaw yn y broses o rannu hyfforddiant proffesiynol. Mae cyfle i berchenogion busnes gysylltu a chael cymorth gan bob un o'n prifysgolion. Efallai nad yw perchenogion busnes yn cymryd mantais o'r potensial ac efallai nad yw'r prifysgolion chwaith yn rhannu digon o wybodaeth ac yn cenhadu ymhlith busnesau. Mae pobl fusnes yn aml yn rhy brysur i ystyried chwilio am wybodaeth a chyngor. Mae hyn wrth gwrs yn fai ac yn gamgymeriad ac fe ddylid creu amser ar gyfer gwneud y gorau o'r cyswllt hwn.

Mae Prifysgol Caerdydd hefyd ar y blaen ym maes 'eiddo ysgolheigaidd', sef yr hyn a adnabyddir fel IP (*Intellectual Property*). Gall ymchwil academaidd arwain at greu syniad neu ddyfais unigryw a newydd ac fe all prifysgolion gofrestru hawliau ysgolheigaidd ar gyfer gwerthu'r syniad neu weithio ar y cyd â chwmni sy'n ymddiddori yn y syniad. Unwaith eto mae Prifysgol Caerdydd ar y blaen yng Nghymru gan fod oddeutu 90% o'r incwm sy'n cael ei greu drwy 'eiddo ysgolheigaidd' yn dod o'r fan honno. Ond, wedi dweud hyn, dylid nodi mai dim ond £1.7 miliwn oedd y cyfanswm ariannol a gafodd ei roi 'nôl i mewn i'r economi gan holl golegau Cymru yn 2008/09. Mae'n ddiddorol sylwi ar y ffigyrau drwy brifysgolion Prydain i gyd. Mae Caerdydd ymhlith y deg uchaf drwy Brydain. O ystyried y ffaith fod prifysgolion Cymru yn cynhyrchu trosiant o oddeutu £400 miliwn y flwyddyn, yna mae'r cyfanswm o arian a gynhyrchir drwy 'eiddo ysgolheigaidd' yn isel iawn. Os mai gwaith prifysgolion yw paratoi myfyrwyr ar gyfer y byd mawr y tu allan a chreu unigolion cymwys ar gyfer bywyd busnes, yna oni ddylid disgwyl fod llawer mwy o arian yn cael ei anelu at greu syniadau busnes arloesol?

Yn ystod y blynyddoedd diwethaf rhannwyd oddeutu £60 miliwn y flwyddyn o arian grantiau Ewropeaidd megis 'Amcan Un' ymhlith prifysgolion Cymru. O ystyried hynny, mae'n ymddangos fod y ffrwyth yn siomedig ac yn annigonol. Os yw Cymru i lwyddo o fewn cyd-destun yr economi fyd-eang, yna dylid anelu at dderbyn cyfraniad mwy sylweddol o gyfeiriad ein hacademyddion. Mae ein prifysgolion yn dal i hybu'r syniad fod graddau pellach megis MA, MSc, PhD ayyb i fod i gael eu dosbarthu am waith sy'n casglu gwybodaeth a'i gadw mewn llyfrau sy'n sefyll ar silffoedd, ond fe ellid defnyddio'r unigolion sy'n gwneud graddau pellach i ddibenion mwy adeiladol, sef i hybu twf economaidd o fewn dalgylchoedd lleol y prifysgolion unigol.

Yn ei erthyglau diddorol dros y blynyddoedd diwethaf yn y *Daily Post* a'r *Western Mail*, bu'r athro Dylan Jones Evans (sydd ei hun wedi ei fagu gan deulu sy'n ymwneud â busnes Cymreig ym Mhwllheli) yn trafod llawer ar y mater hwn. Awgryma ei gasgliadau yn gryf fod lle i brifysgolion gynyddu eu cyfraniad tuag at y gymuned fusnes yng Nghymru. Bu'n dadlau'n gyson yn ei golofnau fod angen hyrwyddo ac estyn cymorth i bobl ifanc o dan 25 oed. Awgrymodd mewn colofn yn y *Western Mail* ym mis Hydref 2007 bod angen creu cronfa fuddsoddi a allai roi benthyciadau yn ogystal â phrynu cyfranddaliadau ym musnesau pobl ifanc. Pe bai cwmnïau a pherchenogion busnesau aeddfed yn uno i greu cronfa fel hon ac yn penodi swyddogion a phwyllgorau i reoli'r cyfan fel menter i hybu ieuenctid mewn busnes, yna byddai modd hybu'r economi yng Nghymru. Mae angen i'r Cynulliad gymryd arweiniad i'r cyfeiriad hwn er mwyn inni allu deffro'r potensial busnes sydd gennym ymhlith ein pobl ifanc ein hunain.

Pwysigrwydd busnesau bach

- Y meddylfryd sydd ei angen i greu busnes bach modern

- Busnesau bach a'r syniad o 'fywoliaeth gywir'

- Manteision busnesau bach mewn cyfnod pan fo'r economi'n gyfnewidiol

- Manteision ac anfanteision busnesau teuluol

- A yw Llywodraeth y Cynulliad yn hybu digon ar fusnesau bach?

- Dylanwad magwraeth wledig ar fusnes bychan. Gair o brofiad personol.

Meddylfryd y busnes bach modern

Holl bwrpas trafod busnes mewn cylchgronau a llyfrau a cholegau yw hyrwyddo'r syniad o fentro ac i wella sgiliau entrepreneuriaid. I mi'n bersonol, mae hybu diddordeb Cymry ifanc sydd â'r awydd i ymgymryd â'u busnesau eu hunain yn rhan annatod o'm cenhadaeth fel dyn busnes. Rwyf wedi credu erioed mai drwy'r economi mae hybu dyfodol Cymreictod. Waeth inni heb na chael beirdd na chantorion oni bai bod gennym rwydwaith gymdeithasol gref o bobl fusnes sy'n defnyddio'u dylanwad o fewn yr economi i hybu ein hiaith a'n diwylliant. Mae cynnal rhwydwaith o fusnesau bach yng Nghymru yn bwysicach yn y pen draw na chynnal safonau llenyddol yr Eisteddfod Genedlaethol. Ni fydd gennym eisteddfodau o gwbl ymhen hanner canrif oni bai bod gennym haen o bobl sy'n dylanwadu ar reolaeth a llif yr arian o fewn ein cymdeithasau. Hyn sy'n gosod y fframwaith i gynnal ein Cymreictod.

Datblygodd patrwm fy musnes i dan ddylanwad y Gymru wledig a Chymru trefi bach Gwynedd. Gellid dweud mewn sawl ffordd fy mod i'n meddu ar feddylfryd y 'mannau bychan'. Wrth imi ddod i adnabod mwy a mwy o bobl, fe ehangodd rhwydwaith fy musnes a daeth y busnes yn fwy a mwy llwyddiannus. Wrth i wahanol aelodau unigol oddi mewn i rwydwaith gysylltu a delio â'i gilydd, yna mae'r rhwydwaith yn cryfhau ac mae'r aelodau'n ymgyfoethogi ym mhob agwedd o'u bywydau.

Y ffurf mwyaf cyffredin ar fusnes yw busnesau bach. Mae'r Comisiwn Ewropeaidd yn diffinio busnesau bach 'micro' fel rhai sy'n cyflogi hyd at 9 o weithwyr. Busnesau bach a chanolig eu maint neu *SME's (small and medium sized enterprises)* yw'r rhai sy'n cyflogi rhwng 9 a 50. Gan mai gwlad fechan a gwasgaredig ei phoblogaeth yw Cymru o'i chymharu â Lloegr, does dim dwywaith mai busnesau bach prysur yw'r math o fusnes sydd fwyaf tebygol o lwyddo, yn enwedig yn wyneb y newid a'r dirwasgiad a ddaeth i'n rhan yn ystod 2009.

Mae hanes yr ugeinfed ganrif yn cynrychioli un meddylfryd arbennig, sef bod y mawr yn ymdrechu i ragori ar y bach.

Dechreuodd hyn oll yn sgîl newidiadau gwleidyddol y blynyddoedd rhwng 1890 a 1920. Y 'mawr' oedd yn cynnig dyfodol economaidd i wledydd democrataidd newydd y gorllewin. Y sefydliadau mawr oedd yn arwain y ffordd tuag at lwyddiant. Meddylfryd yr ugeinfed ganrif oedd bod Goleiath yn sicr o drechu Dafydd yn y pen draw.

Ym 1973 cyhoeddodd E. F. Schumacher lyfr pwysig Small is Beautiful – *A Study of economics as if people mattered*. Mae'n llyfr diddorol tu hwnt sy'n dadlau bod y cyfundrefnau mawr sy'n rheoli prif agweddau economaidd y byd yn creu aneffeithiolr-wydd, llygredd amgylcheddol ac amgylchiadau gwaith annerbyniol. Mae'n dadlau bod angen creu system dechnolegol yn seiliedig ar bwysigrwydd yr unedau bach. Dylid cofio mai canlyniad naturiol sefydlu llu o fusnesau bach yw bod llawer ohonynt yn tyfu ac yn ehangu i fod yn gwmnïau cyhoeddus. Mae'r ffaith bod llawer o'r rhain wedi cwympo yn ystod y ddwy flynedd ddiwethaf yn awgrymu nad oes parhad tymor hir iddynt. Yn 2009 gwelwyd gostyngiad amlwg yn elw'r cwmnïau oedd yn cyflogi dros 500. Ers 1990 mae graddfa cyflymder y newidiadau o fewn ein cymdeithas wedi cynyddu'n syfrdanol a hynny i raddau yn sgîl dyfodiad y we fydeang. Mae awduron megis Schumacher yn credu bod busnesau bach yn ymgryfhau mewn cyfnod o newid oherwydd bod eu cyffyrddiad personol yn ei gwneud hi'n haws iddynt ddelio â chyfnewidiadau ac ymateb i broblemau. Mae syniadau Schumacher yn arbennig o berthnasol i Gymru ar ôl degawd cyntaf y Cynulliad newydd.

Busnesau bach a'r syniad o 'fywoliaeth gywir'

Nid wyf yn athronydd nac yn ddiwinydd, ond mae'r llyfrau a ddarllenais wrth gynllunio'r gyfrol hon wedi gwneud imi feddwl a sylweddoli bod gan ddiwylliannau a chrefyddau'r byd lawer o wersi i'w cynnig i ni yng Nghymru. Mae elfennau o Fwdïaeth, er enghraifft, yn gosod canllawiau ac egwyddorion a allai fod yn ddefnyddiol inni yng Nghymru. Yn wir, ymddengys ein bod wedi dilyn egwyddorion tebyg i hyn yn ddiarwybod i ni ein hunain.

Mae'r syniad Bwdïaidd o 'fywoliaeth gywir' (*right livelihood*) yn enghraifft o'r hyn sydd dan sylw. Dyma economeg Fwdïaidd Orllewinol ar waith. Yr egwyddor sylfaenol y tu ôl i'r syniad o fywoliaeth gywir yw bod pobl yn llawer pwysicach na nwyddau a chynnyrch ac oherwydd hynny mae'n rhaid i gymdeithas gadw hyn yn ganolbwynt wrth ddatblygu patrwm economaidd. Gellir dadlau mai synnwyr cyffredin yw hyn ond wrth edrych ar batrwm economaidd y Gorllewin dros yr hanner canrif ddiwethaf, fe welir na ddilynwyd y broses synhwyrol hon. Caniatawyd i gyfalafiaeth farus ddatblygu ac o ganlyniad fe gollwyd golwg ar yr agweddau hynny sy'n creu 'bywoliaeth gywir'. Yn ôl diffiniad a dadansoddiad E. F. Schumacher o'r hyn sy'n bwysig o fewn economi'r fywoliaeth gywir mae tair agwedd bwysig y dylid eu hystyried yn ganolog o fewn datblygiad economaidd.

Bod y system waith yn rhoi cyfle i ddynion ddefnyddio a datblygu eu rhinweddau a'u sgiliau.

Bod y system waith yn rhoi cyfle i unigolion uno â'i gilydd a'u galluogi i gyflawni tasgau o fewn unedau yn hytrach na rhoi blaenoriaeth i hunaniaeth unigolion.

Bod y system waith yn rhoi pwyslais ar ddatblygu nwyddau a chynnyrch er mwyn creu amodau bywyd 'boddhaol'. Golyga hyn fod llai o bwyslais ar y syniad o berchnogaeth (*ownership*).

Awgrymir yn gryf bod rhaid i ddynion ganolbwyntio ar y man canol rhwng gwaith a phleser er mwyn cyflawni bywoliaeth gywir. Ffordd syml sydd yma o ddehongli a gosod sylfaen i weithredu bywyd a gwaith mewn dull priodol a synhwyrol.

Y gwir yw bod hanes Cymru ers dwy ganrif yn arddangos elfennau o'r nodweddion hyn. Ym 1933 cyhoeddwyd cyfrol o'r enw *Cwm Eithin* gan Hugh Efans o Uwchaled a oedd yn berchen gwasg enwog Y Brython yn Lerpwl. Cronicl hanesyddol o fywyd economaidd cefn gwlad Cymru yn ail hanner y bedwaredd ganrif ar bymtheg sydd yn y llyfr. Mae'r awdur yn disgrifio elfennau a nodweddion bywydau trigolion Uwchaled ac yn dangos fod yr unedau economaidd bychan personol a chydryw a welwyd o fewn y gymdeithas honno yn plethu â'i gilydd i greu rhwydwaith gymdeithasol gynnes ac effeithiol. Ni allaf lai na theimlo fod llawer o wersi i'w cael wrth astudio bywydau'r bobl hyn. Gwersi sy'n pwysleisio pwysigrwydd y pethau bychain. Mae rhannau helaeth o'r Gymru wledig gyfoes yn dal i bwysleisio gwerthoedd y gymdeithas honno a fodolai yn ystod y bedwaredd ganrif ar bymtheg. Drwy fabwysiadu agweddau modern a'u plethu gyda hen werthoedd y Gymru a fu fe all busnesau bach lwyddo yn y Gymru sydd ohoni.

Wrth weithio'n ddyddiol o fewn fy musnes fy hun yn ardal Arfon, rwyf wedi parhau mewn cyswllt agos ag unigolion o fro fy mebyd a fu'n rhan greadigol o'm magwraeth. Mae llawer o'r rhain yn amaethwyr ac yn bobl fusnes hunangyflogedig; maent yn parhau i arddel y gwerthoedd traddodiadol a glodforwyd gan Hugh Efans yn *Cwm Eithin*. Maent yn credu mewn diwydrwydd ac ymroddiad i waith ac yn sgîl hynny maent yn anelu at y nod o gyflawni'r hyn sy'n gywir. Rwyf yn derbyn cynghorion anweladwy a dirgel ganddynt er nad ydynt yn ymwybodol o hynny. Ond, er hyn, rwyf hefyd yn falch 'mod i wedi cael blas ar fywyd trefol Caernarfon a Bangor gan fod cymdeithas yn fwy cyfnewidiol o wythnos i wythnos. Efallai bod bywyd trefol yn fwy oeraidd ar ambell ystyr ac yn fwy bydol a materol ei naws, ond mae'n rhaid inni wynebu'r byd cystadleuol os ydym am symud ymlaen. Yr hyn yr wyf wedi ceisio'i wneud yn bersonol yw cyfuno'r hen werthoedd gwledig gyda'r bwrlwm trefol modern ac mi allaf ddweud bod y fformiwla hon wedi gweithio'n eithaf i mi!

Rhai o fanteision busnesau bach mewn cyfnod pan fo'r economi'n gyfnewidiol

Mae'n amlwg fod cwmnïau bach yn gweithredu eu busnes mewn dull gwahanol i fusnesau mawr. Mae personoliaeth y sawl sy'n arwain yn fwy dylanwadol wrth lywio cwrs busnes bach.

Mae'r ffordd mae busnesau bach yn rheoli eu llif arian yn hollol wahanol i'r cwmnïau mawr. Nid yw busnes bach yn gallu fforddio gwario arian mawr ar bethau megis hysbysebu ac felly mae'n fwy dibynnol ar greu cyswllt personol gyda chwsmeriaid a darpar gwsmeriaid. Fe all busnes bach lwyddo drwy fuddsoddi amser yn hytrach nag arian.

Nodwedd amlwg arall o fewn busnesau bach yw bod penderfyniadau yn rhai tymor byr. Yn ein busnes gwerthu ni mae'r mwyafrif o'r penderfyniadau a'r polisïau yn ymwneud â'r wythnos sydd o'n blaen, nid â'r flwyddyn sydd o'n blaen. Mewn cyfnod o ddirwasgiad gall hyn olygu llai o gymlethdod wrth gynllunio ac felly gall busnes bach ganolbwyntio ar y presennol.

Mae busnesau bach hefyd yn tueddu i ganolbwyntio ar nifer cyfyngedig o wasanaethau a chynhyrchion. Gair pwysig ymhlith cwmnïau mawr yw 'strategaeth'. Mae llunio strategaeth yn fater costus a chymhleth a gall busnes bach osgoi'r cymhlethdod hwnnw drwy ganolbwyntio ar nifer cyfyngedig o nwyddau. Gall hyn, wrth gwrs, olygu fod busnes bach yn or-ddibynnol ar nifer bychan o gwsmeriaid ac felly mae'n rhaid i fusnesau ganolbwyntio ar gynnal rhwydwaith mor eang a helaeth â phosib a hynny heb edrych yn rhy uchelgeisiol i'r tymor hir. Cwympodd cwmni General Motors yn America am amrywiaeth o resymau ond un o'r costau cysgodol mwyaf niweidiol i'r cwmni oedd y ffaith eu bod yn gwario miliynau o ddoleri bob wythnos ar ddatblygu strategaeth tymor hir. Mae cwmnïau mawr yn gweithio ar gyfer y dyfodol tra bod busnes bach yn canolbwyntio ar y presennol.

Mae mwyafrif y gwerslyfrau sy'n cael eu hysgrifennu ar gyfer busnes yn fwy defnyddiol ac addas wrth ddadansoddi busnesau mawr. Nid ydynt yn ystyried effaith cyflogi un gweithiwr ychwanegol dyweder ar gostau wythnosol y busnes. Oherwydd hyn fe all busnesau bychan anwybyddu fymryn ar gynghorwyr busnes a dibynnu ar eu hasesiad personol o'r sefyllfa. Yn ystod y pum mlynedd ar hugain diwethaf, rydym ni wedi arbed miloedd o bunnoedd o fewn ein busnes gwerthu drwy osgoi'r gost gysgodol hon. Gall busnes bychan ddibynnu mwy ar synnwyr cyffredin. Oherwydd hyn hefyd gellir arbed amser gan nad oes angen pwyllgorau a thrafodaethau dwys. Mae amser yn gostus yn nhermau busnes, yn enwedig wrth edrych dros gyfnod hir.

Un fantais amlwg arall sydd gan bob busnes bach yw'r ffaith eu bod yn gallu cynnig gwasanaeth personol wedi ei deilwrio ar gyfer cwsmeriaid unigol. Yn wahanol i gwmni mawr, fe all cwmni bychan ganolbwyntio ar restr anghenion y cwsmer a'u trafod a'u gwyntyllu cyn cyflenwi'r hyn mae'r cwsmer am ei brynu.

Mae costau technoleg busnesau bach hefyd yn llai. Daeth y sefyllfa hon i fod gyda'r broses o ehangu'r defnydd o gyfrifiaduron rhad yn ogystal ag effeithiolrwydd y we fydeang. Gall cwmnïau bychan reoli eu gweinyddiaeth fewnol ar gost gyffredinol, gysgodol gymharol isel. Gallant gynhyrchu ffurflenni, anfonebau a phob math o waith argraffu drwy ddefnyddio'r dechnoleg sydd ar gael o fewn eu swyddfeydd eu hunain.

Mae dirwasgiad a diweithdra yn creu agoriadau a chyfleoedd newydd pan fydd cwmnïau mawr yn dad-adeiladu (de-construct). Oherwydd bod cwmnïau mawr yn cael trafferth i gyflogi nifer fawr o weithwyr mewn cyfnod o wasgfa economaidd, byddant yn cael eu gorfodi i roi llawer o'u staff ar y clwt. Golyga hyn y byddant yn tendro adrannau o'u gwaith i isgontractwyr. Mae'n debygol y bydd mwy a mwy o hyn yn digwydd yn ystod ail ddegawd y ganrif newydd hon gan fod y pwysau ariannol ar gwmnïau mawr yn cynyddu.

Busnesau teuluol

Cofiwn hefyd fod llawer o fusnesau bach yn fusnesau teuluol. Mae rhai amcangyfrifon yn dweud fod 70% o fusnesau Prydain yn fusnesau teuluol. Mae ffermwyr Cymru yn rheoli busnesau teuluol ac mae cefn gwlad yn gyffredinol yn frith o fusnesau lle mae'r gŵr a'r wraig yn weithredol, yn ogystal ag ambell fab neu ferch. Os ydych yn byw yng nghefn gwlad Cymru, cyfrwch ddeg o fusnesau teuluol yn eich ardal chi. Y tebygolrwydd yw y byddwch yn gallu gwneud hynny'n sydyn iawn. Mae busnesau teuluol yn manteisio ar y ffaith fod ganddynt y nodweddion canlynol:

- Parch tuag at gyd-aelodau'r busnes
- Cyswllt agos naturiol rhwng yr aelodau
- Does dim cystadleuaeth na drwgdeimlad mewnol ymhlith y mwyafrif o aelodau'r busnes
- Nid yw 'ego' yn broblem o fewn busnesau teuluol
- Mae'r aelodau'n fwy hyblyg o safbwynt parodrwydd i weithio gwahanol oriau
- Mae busnesau teuluol yn gallu aros yn sefydlog am amser hir
- Mae llai o bwyslais ar faint yr elw a mwy ar falchder a chyflwyno gwasanaeth dibynadwy
- Mae'n haws cadw cyfrinachau busnes o fewn y rhwydwaith teuluol!

Mae nifer o anfanteision hefyd i fusnesau teuluol a dylid wrth gwrs ystyried y rhai hynny'n ofalus cyn dechrau ar fenter deuluol. Dyma rai o anfanteision busnes teuluol:

- Mae gwrthdaro'n gallu digwydd, yn enwedig felly rhwng tad a mab yn ôl yr ystadegau a gyhoeddir
- Anodd pasio'r busnes ymlaen yn deg i'r genhedlaeth nesaf
- Mwy o wrthdaro mewnol wrth ystyried penderfyniadau
- Mwy o amharodrwydd i addasu ar gyfer newidiadau ac amgylchiadau cymdeithasol newydd
- Mae busnesau teuluol yn fwy tebygol o ddewis uwch swyddogion ar sail eu personoliaeth a hynny heb osod digon o bwyslais ar bwysigrwydd y gallu i gyflawni'r gwaith yn effeithiol.

Wedi ystyried y manteision a'r anfanteision sy'n perthyn i fusnesau teuluol, byddai'n rhaid dod i'r canlyniad fod yna fwy o fanteision. Dengys ystadegau a gyhoeddir gan gymdeithasau fel yr FSB (Ffederasiwn Busnesau Bychain) fod yr honiad hwn yn gywir.

A yw'r Cynulliad yng Nghymru wedi sylweddoli beth yw gwir botensial busnesau bach?

Yn ystod haf 2009 aeth dirprwyaeth o 60 o gynrychiolwyr

busnesau amlwg yng Nghymru ar ran y Cynulliad i Ŵyl y 'Smithsonian' yn Washington ac i rannau eraill o'r Unol Daleithau. Dim ond wyth o'r rhain a ddeuai o ogledd Cymru ac roedd bron bob un o'r trigain yn cynrychioli busnesau a oedd yn cyflogi dros 80 o weithwyr. Mae hwn yn gam derbyniol a dylid canmol y Cynulliad ond mae'r pwyslais diweddar o fewn yr adran ddatblygu busnes yng Nghymru wedi canolbwyntio ar fusnesau mawr.

Roedd rhaglen ariannu enwog Amcan Un rhwng 2000 a 2006 wedi neilltuo biliwn a hanner o bunnoedd ar gyfer datblygu rhannau tlotaf Cymru. Dengys ystadegau mai oddeutu 11% o'r arian hwn a reolwyd gan brosiectau o fewn y sector breifat. Roedd y rhan fwyaf o'r arian yn cael ei reoli gan brosiectau a gefnogwyd gan y sector gyhoeddus. Er bod rhai cynlluniau preifat wedi'u cefnogi drwy'r arian a weinyddid gan y cyrff cyhoeddus yn ogystal, aeth cyfran helaethach o lawer at ddatblygu theatrau, canolfannau hamdden ac adloniant a neuaddau cymdeithasol. Er bod hyn yn ganmoladwy, mae'n ffaith eironig nad oedd busnesau bychan annibynnol preifat yn derbyn y nesaf peth i ddim o'r gacen, er gwaetha'r ffaith mai bwriad gwreiddiol y rhaglen ariannu Ewropeaidd oedd hybu busnesau bach o fewn ardaloedd tlotaf Ewrop.

Yn hytrach nag addysgu perchenogion busnes a darpar entrepreneuriaid ynglŷn â sut i greu syniadau a cheisiadau ar gyfer hawlio cyfran o'r cymorthdaliadau oedd ar gael, gwelwyd cwmwl enfawr o fiwrocratiaeth a oedd yn ei gwneud yn anymarferol i fusnesau bach elwa ar y rhaglen ariannu. Dylai'r Cynulliad felly fod wedi rhannu'r wybodaeth ynglŷn â phwrpas y cynllun yn llawer mwy effeithiol yn ogystal ag addysgu ymgeiswyr posib ynglŷn â sut i wario'r arian yn effeithiol. Dylai'r broses hon ddechrau mewn ysgolion a cholegau a dylai'r wybodaeth gael ei chynnig mewn dull mwy deniadol.

Mae'r rhaglen ariannu bresennol (rhwng 2007 a 2013) yn cynnig 2 biliwn o bunnoedd. Ar ddiwedd haf 2009 dim ond 19% o geisiadau cam cyntaf (ceisiadau yn mynegi diddordeb) oedd wedi dod o gyfeiriad y sector breifat. Erbyn mis Gorffennaf 2009 roedd y nifer canlynol o geisiadau wedi dod i law:

34 cais o'r sector breifat
30 o'r sector gyhoeddus
66 yn uniongyrchol oddi wrth Lywodraeth y Cynulliad
46 o'r sector wirfoddol.

Mae'r Cynulliad yn amlwg yn frwdfrydig ac yn awyddus i ddefnyddio'r arian. Os felly, oni ddylid annog busnesau annibynnol i chwilio am ddulliau i gyflwyno ceisiadau dilys, a hynny drwy ddangos i bobl ifanc fod byw busnes yn rhoi boddhad a phleser a bod cymorth ymarferol ac ariannol i'w gael os gallwch weithredu o fewn canllawiau'r cymorthdaliadau Ewropeaidd?

Yn 2009 cyhoeddwyd adroddiad gan y Gyfundrefn dros Gydweithrediad a Datblygiad Economaidd (OECD) yn dangos bod Cymru ymhlith 'rhanbarthau' tlotaf Ewrop (yn dlotach hyd yn oed na rhannau o'r Undeb Sofietaidd a rhannau o Wlad Pwyl) a bod y gagendor rhwng Cymru a 'rhanbarthau' eraill Prydain yn cynyddu nes bod Cymru ar waelod y domen. Petai modd datblygu effeithiolrwydd ein rhwydwaith o fusnesau bach yna fe ddeuai haul ar fryn.

Mae'n bryd i'n gwleidyddion sylweddoli fod y gors fiwrocrataidd wedi llesteirio potensial cynllun ariannu Amcan Un. Ar yr wyneb, mae Llywodraeth y Cynulliad yn datganoli ac yn sefydlu swyddfeydd a chanolfannau y tu allan i Gaerdydd – ac mae hyn yn rhywbeth i'w groesawu – ond mae nifer o dendrau ar gyfer gwasanaethau yn cael eu cynnig a'u rhoi i gwmnïau o Loegr. Yn wir, ymddengys bod cwmni glanhau o Loegr wedi ennill y contract i gadw glendid swyddfeydd y Cynulliad yn Aberystwyth! Mae trefn cynnig contractau yn annelwig a chymhleth ac felly yn ffafrio cwmnïau mawr yn hytrach na chwmnïau cynhenid bychan.

Mae system y Cynulliad o ddosbarthu grantiau i fyd diwydiant a masnach yn cael ei rheoli gan gyrff asesu megis BREEAM. Corff yw hwn sy'n gosod safonau a chanllawiau ar gyfer datblygu adeiladau sy'n garedig at yr amgylchedd ac yn gynaliadwy. Digon teg. Ond mae cyfansoddiad y corff yma wedi'i sefydlu ar gyfer 'Prydain'; mae'n fwy addas ar gyfer cwmnïau mawr yn Lloegr nag ydyw ar gyfer busnesau bychan yng Nghymru. Mae hefyd yn mynnu cael pob gohebiaeth, dogfen a pholisi yn Saesneg – a'r busnes Cymreig sy'n gorfod talu am eu diffyg gallu yn y maes hwnnw!

Mae Llywodraeth y Cynulliad hefyd yn canoli datblygiadau economaidd ar y glannau (megis Parc Menai ger Bangor a pharc Llanelwy). Gwneir hyn ar draul trefi marchnad gwledig y fewnwlad ac mae llawer o drigolion y fewnwlad yn teithio mewn ceir yn ddyddiol i weithio o fewn y busnesau a'r sefydliadau sydd wedi'u sefydlu yn y parciau hyn.

Ym mis Hydref 2009 awgrymodd Ieuan Wyn Jones, Gweinidog Economaidd y Cynulliad, bod dyfodol Cymru yn debygol o ddibynnu llai ar gwmnïau mawr. Cyhoeddodd na fyddai grantiau'n cael eu cynnig mor hawdd i gwmnïau y tu allan i Gymru. Yn wyneb y ffaith y bydd llai o arian Ewropeaidd yn debygol o gael ei roi i Gymru ar ôl 2013, mae'r datganiad yma'n debygol o gael ei wireddu. Gadewch inni obeithio mai gwawr newydd i gwmnïau bychan cynhenid fydd canlyniad hyn ac y bydd pobl Cymru benbaladr yn elwa o'r newid cyfeiriad yma.

Cyfraniad magwraeth wledig tuag at greu dyn busnes

Gan mai ymdrech i gyflwyno gwersi perthnasol i Gymru sydd yn y llyfr hwn, fe hoffwn sôn am fy nghefndir personol a dangos sut mae'r cefndir hwnnw (sy'n debyg mewn sawl ffordd i gefndir miloedd o Gymry eraill) yn berthnasol ac yn werthfawr i'r sawl sydd am fentro i fyd busnes.

Mae stori syml fy rhieni yn enghraifft dda o sut y gall busnes bychan lwyddo. Magwyd fy nhad yng Nghwm Hermon rhwng Abergeirw a Llanfachraeth ar dyddyn bychan Y Doladd. Roedd fy mam hithau â'i gwreiddiau'n agos i Drawsfynydd a symudodd ei theulu o Gwm Prysor i ffermio Cwm Cottage ger Glanrafon, y Bala. Roedd hi'n un o ddeg o blant. Roedd y ddau wedi'u magu mewn cyfnod o gyni gwledig ar ddiwedd y 1920au.

Pan ddychwelodd Hedd Gwyn, fy nhad, adref o'r India ym 1945 ar ôl treulio tair blynedd a hanner yn Bombay a New Delhi

fel technegydd awyrennau a lorïau trymion, penderfynodd
symud o Feirion i Gaer i weithio i'r GPO fel mecanic a bu'n byw
yno am yn agos i bymtheng mlynedd. Trwsiwr cynhenid ydoedd
a'i fryd ar sefydlu busnes annibynnol bychan iddo ef ei hun. Wedi
iddo symud i Uwchaled fe dreuliodd ddeugain mlynedd yn
atgyweirio cerbydau, yn gwerthu petrol a phrynu a gwerthu
ambell gar a fan. Roedd yn fwy cartrefol yn ei weithdy nag yn ei
swyddfa.

Cyfarfu fy nhad â Sarah Catherine, yr wythfed o blant fferm
Cwm Cottage, yn Aelwyd yr Urdd, Dinas Caer yn festri Capel St
Johns. Daethai yno i weithio ar y gyfnewidfa ffôn. Roedd hi wedi
dod yn Saesnes benigamp ac ymhyfrydai yn y ffaith ei bod yn
gallu siarad Saesneg gystal ag unrhyw Sais heb unrhyw arlliw o
acen Gymraeg. Erbyn diwedd 1958 roeddynt wedi cynilo digon o
arian i brynu pwmp petrol a sied a thŷ bychan ym Mryn Llaethog,
Glasfryn, y pwynt uchaf uwch lefel y môr ar briffordd yr A5,
rhwng Llundain a Chaergybi. Fy nghof cyntaf am y lle yw
lluwchfeydd eira 1963 a minnau'n saith oed. Fe ddysgais lawer
oddi wrth yr elfennau llym sydd i'w cael ar weundir Uwchaled a
Hiraethog. Roedd fy rhieni yn ymhyfrydu yn yr ethos waith
wledig a dysgodd fy nhad imi 'beidio byth â bod ofn gwaith'.
Does dim dwywaith fod hynny wedi bod o gymorth imi ond
cefais lawer o ddadleuon gyda'r ddau am yr union ffordd y dylid
rhannu amser ar gyfer gwahanol dasgau o fewn y busnes.

Ym 1965 roedd galwyn o betrol yn costio rhwng un a dau
swllt (rhwng 5c a 10c modern). O werthu digon ohono, roedd
modd gwneud bywoliaeth gyfforddus. Roedd cwmni Shell yn
gwmni anrhydeddus yng ngolwg fy mam. Roedd hi'n hoff iawn o
sgwrsio a bargeinio am ddisgownt gyda'r 'reps' oedd yn galw
ddwywaith yr wythnos. Roeddynt hwythau'n ei pharchu ac ar
ddiwedd y 1960au daeth Mr Alcock y 'rep' o Sir Gaer yn gyfaill
teuluol. Roedd Mam yn gwybod sut i'w droi o gwmpas ei bys
bach. Hi ac nid fy nhad oedd yn deall y busnes prynu a gwerthu
orau. Roedd hi'n 'fathemategydd pen' gwych a chanddi
'*distinction*' ym mhob pwnc GCE bron o ysgol y Bala. Dysgodd fi i
adio biliau petrol ei chwsmeriaid pan oeddwn yn wyth oed. Rwyf
ers hynny yn gallu gwneud rhifyddeg y pen yn eithaf meistrolgar.

Mae'r sgil hon wedi bod yn werthfawr iawn imi ar hyd y blynyddoedd, yn enwedig felly pan ddechreuais brynu a gwerthu mân nwyddau trydanol ar ddechrau'r 1980au.

Fel yn hanes aml un ohonom, nid oedd ac nid oes bosib dianc rhag dylanwad mam. Roedd hi'n bwysicach dylanwad ar fy natblygiad na sefydliadau megis Prifysgol Bangor ac Ysgol Dyffryn Conwy. Er cymaint dylanwad f'addysg arnaf, roedd y cynghorion bach a'r beirniadaethau pigog bob amser yn aros yn y cof wrth wneud mân benderfyniadau.

Nid wyf yn cyfrif fy hun yn greadur academaidd ond rwyf bob amser wedi mwynhau addysgu fy hun. Addysg, yn y pen draw, yw'r diwylliwr mawr ond nid oedd fy nhad yn gwerthfawrogi gosodiadau o'r fath. Iddo ef, gwaith oedd yn bwysig – gwaith llaw yn anad dim. Ar wahân i ychydig o lyfrau ar hanes yr Ail Ryfel Byd, ni welais mohono erioed yn darllen unrhyw beth o sylwedd ond drwy gyfarfod â phobl fe ddaeth yn ŵr deallus ac fe allai fynegi ei safbwyntiau yn eithaf medrus. Nid oedd yn ysu am fy ngweld i yn llwyddo mewn arholiadau. Roedd yn feirniadol ohonof am ymgolli mewn llyfr tra'i fod ef yn gweithio ddydd a nos yn ei weithdy. Fel yr aeth y blynyddoedd heibio, daeth fy nhad i ddeall na allai newid fy niddordebau ac fe ddaeth yn raddol i ymfalchïo'n ddistaw yn y ffaith fod gen i fwy o ddiddordeb mewn llyfrau na gweithio gyda'm dwylo. Tra oeddwn yn fyfyriwr ym Mangor, arferwn fynd gydag ef i arwerthiannau o bob math (ceir, faniau ac offer amaethyddol yn fwyaf arbennig). Byddwn yn anghytuno'n aml gyda'i fwriadau a'i ystyriaethau wrth iddo brynu, ond deuthum yn sgîl hyn yn gaeth i'r cyffur chwilio am fargen.

Teimlwn ar y pryd nad oedd fy nhad yn gwireddu ei botensial oherwydd y math o bethau y tueddai i'w prynu a'u paratoi ar gyfer eu hailwerthu. Credwn yr adeg honno fel yr wyf yn dal i gredu heddiw ei fod ef a llawer o'i gyfoedion wedi tangyflawni o safbwynt eu gallu i fod yn bobl fusnes. Mae llu o ddynion a merched yng Nghymru heddiw sydd wedi pasio oed yr addewid a oedd yn meddu ar y gallu a'r dyfalbarhad angenrheidiol i fod yn llwyddiannus mewn busnes. Ni chawsant eu hysbrydoli na'u hargyhoeddi ynglŷn â phwysigrwydd yr elfen hon o fewn bywyd cymdeithasol ac economaidd eu bröydd. Roeddynt yn byw yn hapus a bodlon heb osod fawr o bwysigrwydd ar ddylanwad arian.

Mae patrwm yr arferiad hwn yn egluro'n syml pam fod nifer helaethaf y busnesau sydd yn y Gymru wledig bellach yn cael eu rheoli gan fewnfudwyr. Fe gollwyd cyfle i ddal gafael ar Gymreictod yn sgîl y datblygiad hwn (a ddaeth yn amlwg ar ddiwedd y 1960au). Roedd meddylfryd o fodlonrwydd yn tra-arglwyddiaethu ymhlith y Cymry Cymraeg ac yn hyn o beth roedd y capeli'n ddylanwadol ac yn creu'r ymwybyddiaeth nad oedd bygythiad o bwys yn bodoli. Roedd cysur i'w gael mewn llên a diwylliant a chrefydd ac ni welwyd yr angen i greu na datblygu busnes.

Cofiaf nifer o ffermydd yn cael eu gwerthu ym mro Uwchaled yn ystod fy nghyfnod cynnar yn Ysgol Dyffryn Conwy ar ddiwedd y 1960au. Drwy lwc, gwerthwyd y rhan fwyaf i Gymry cynhenid ond mewn nifer o ardaloedd cyfagos gwelwyd estroniaid yn bachu ar y cyfle i gael bargen. Roedd ganddynt weledigaeth gyfalafol ac fe fu'r Cymry yn rhy araf i ymuno a'r gystadleuaeth honno. Prynwyd llawer o ffermydd talgylch Cwm Eithin (rhwng Cerrigydrudion, Glanrafon, y Sarnau hyd at y Bala) gan estroniaid yn ystod y cyfnod hwnnw ond diolch byth mae plant nifer o'r mewnfudwyr wedi'u magu a'u haddysgu i fod yn Gymry Cymraeg.

Dengys hyn fod unigolion sy'n byw busnes drwy gyfrwng y Gymraeg yn meddu ar y grym i werthu'r iaith o fewn y gymdeithas y maent yn byw ynddi. Fe allant wneud hynny heb ymdrechu'n bwrpasol tuag at y nod hwn. Yn hytrach fe allant lwyddo i ehangu gafael a phwysigrwydd yr iaith drwy sgil-effaith naturiol eu llwyddiant mewn busnes. Yn y byd cyfalafol sydd ohoni, mae pobl yn parchu ac yn edmygu unigolion sy'n amlwg o fewn byd busnes. Dyma pam mae angen i ni fel Cymry ddyrchafu ein hunain i safleoedd amlwg o fewn cylchoedd busnes. Drwy hynny gellir defnyddio statws economaidd i hybu'r iaith a'r cyfoeth diwylliannol sydd ynghlwm â hi.

Rhestr o safleoedd gwe defnyddiol

Chwilio am syniadau creadigol

1. *www.entrepreneur.com/bizoppzone*
Gwybodaeth am gannoedd o fusnesau cychwynnol ynghyd ag awgrymiadau a brasluniau o gostau.

2. *www.business.com*
Ffynhonnell eang o wybodaeth am gynnyrch a gwasanaethau busnes yn gyffredinol. Mae'n cyfeirio at 400,000 o wahanol fathau o fusnesau posib.

3. *www.patent.gov.uk*
Arddangos sut y mae cofrestru eich cwmni a'ch syniadau fel eiddo deallusol (*intellectual property*).

4. *www.fs4b.wales.gov.uk*
Mae Uwchwefan Cymorth Hyblyg i Fusnes Llywodraeth Cynulliad Cymru yn darparu'r cymorth ar-lein mwyaf cynhwysfawr, perthnasol a blaenllaw sydd ar gael i fusnesau yng Nghymru. Y rhif cyswllt yw 03000 6 03000

5. *www.fsb.org.uk*
Dyma'r gyfundrefn sy'n amddiffyn hawliau busnesau bach (Federation of Small Businesses). Mae dros 150,000 o aelodau.

6. *www.bbc.co.uk/dragonsden*
Safle we ddeniadol yn crynhoi hanesion rhai entrepreneuriaid a wynebodd ffau'r dreigiau!

7. *www.menterabusnes.co.uk*
Asiantaeth annibynnol yn cynnig gwasanaethau amrywiol ar gyfer pob math o fusnesau yng Nghymru ac yn canolbwyntio ar anghenion busnesau sy'n gweithredu drwy gyfrwng y Gymraeg.

---

8. *www.prime-cymru.co.uk*
A hithau'n gyfnod pan fo llawer o bobl dros 50 oed yn ddi-waith, dyma safle a chorff sy'n cynnig cymorth ac ysbrydoliaeth i'r to hŷn sydd am fentro i fusnes.

9. *www.shell-livewire.org* sy'n cynnig gwasanaeth mwy arbenigol ar gyfer hybu pobl ifanc mewn busnes (pobl rhwng 16 a 30 oed. Rhaglen wedi 'i noddi gan Shell UK ydyw ac mae'n cynnig gwobrau ar gyfer busnesau cychwynnol (*Start Ups*).

10. *www.princes-trust.org.uk* Corff sy'n ceisio bod o gymorth i ieuenctid yw'r *Prince's Trust* (Ymddiriedolaeth y Tywysog). Mae'n ceisio datblygu hyder a sgiliau pobl ifanc mewn busnes. Gall hefyd gynnig benthyciadau llog isel, grantiau hyd at bron i £2,000 a chyngor gan fentoriaid busnes. Mae mwy na chan mil o bobl ifanc yn tystio eu bod wedi cael budd o gysylltu gyda'r Ymddiriedolaeth.

Sicrhau'r gefnogaeth ariannol

1. *www.financewales.co.uk*
Mae Cyllid Cymru yn gwneud buddsoddiadau masnachol ym musnesau Cymru sydd â'r potensial i dyfu.

2. *www.smallbusinessworkbook.com*
Crynhoad ac amlinelliad o awgrymiadau ynglŷn â'r dulliau posib o godi arian i ddechrau busnes.

3. *www.grantsnet.co.uk*
Cronfa ddata o'r benthyciadau, y cynlluniau benthyca a'r grantiau cyffredinol sydd i'w cael ym Mhrydain.

4. *www.bvca.co.uk*
Cymdeithas Mentrwyr Cyfalaf Prydain (*British Venture Capital Association*). Ceir yma fanylion am gannoedd o unigolion, cwmnïau a chyrff sy'n ystyried buddsoddi mewn mentrau newydd o dan amodau i'w trafod.

5. *www.bestmatch.co.uk*
Dyma safle'r Rhwydwaith Cenedlaethol Angylion Busnes ac mae'n cynnwys cyfeiriadur helaeth o Angylion Busnes ym Mhrydain.

6. *www.nesta.org.uk*
Yma ceir manylion am waddoliadau (*endowments*) ar gyfer gwyddoniaeth, technoleg a chelfyddyd.

7. *www.sbs.gov.uk/finance*
Dyma safle'r llywodraeth sy'n crynhoi manylion rhanbarthol ar gyfer cronfeydd cyfalaf mentrau lleol (*small business service*).

Rheoli a datblygu eich busnes

1. *www.bizplanet.com*
Safle we sy'n cynnig adnoddau a gwybodaeth yn ddi-dâl ynglŷn â chynlluniau busnes.

2. *www.smallbusinessadvice.org.uk*
Dyma safle Ffederasiwn Cenedlaethol Asiantaethau Menter (National Federation of Enterprise Agencies) sy'n cynnig cyngor gam wrth gam ar gyfer eich cynllun busnes. Gallwch lawrlwytho'n ddi-dâl.

3. *www.companieshouse.gov.uk*
Gwybodaeth o bob math ynglŷn â sefydlu cwmnïau yn ogystal â gwybodaeth am y cwmnïau yr ydych yn delio â nhw.

4. *www.inlandrevenue.gov.uk*
Dyma safle swyddogol Adran Cyllid y Wlad a chewch fanylion ar bob agwedd o dalu trethi ynghyd â'r rheolau cyfreithiol perthnasol.

5. *www.hse.gov.uk*
Safle Adran Iechyd a Diogelwch y llywodraeth. Dyma eto

fanylion yr hyn sydd raid i bob busnes ei weithredu ar gyfer diogelwch staff a chwsmeriaid.

6. *www.everywoman.co.uk*
www.bawe.uk.org (*British Association of Women's Enterprises*).

Adeiladu eich busnes ar gyfer y dyfodol

1. *www.britishchambers.org.uk*
Mae'r Siambr Fasnach Brydeinig yn cynnig cymorth a gwasanaeth ar gyfer busnesau cychwynnol ac ar gyfer ehangu a datblygu busnes. Ceir rhwydwaith o ganghennau swyddogol drwy Brydain. Mae pob math o wasanaethau ar gael am dâl aelodaeth rhesymol.
2. *www.lfyb.lawsociety.org.uk* ('lawyers for your business')
Mae'r safle yma'n rhoi gwybodaeth am fil a hanner o gyfreithwyr sy'n arbenigo mewn materion cyfreithiol yn ymwneud â busnes, yn arbennig y sector busnesau bach a chanolig.

3. *www.dti.gov.uk*
Mae Adran Fasnach a Diwydiant y Llywodraeth yn cynnig cymorth a gwybodaeth ar gyfer grantiau a ffynonellau ariannol.

4. *www.investorsinpeople.co.uk*
Mae'r safle hwn o dan adain 'cyswllt busnes' yn cynnig rhaglenni hyfforddiant ar gyfer y cyflogwr a'i weithwyr gan anelu at wella perfformiad y busnes.

5. *www.cynulliadcenedlaetholcymru.gov.uk*
Safle gwe'r Cynulliad sy'n rhoi arweiniad a chyfeiriad i berchenogion busnesau drwy Gymru.

6. *www.business-support-wales.gov.uk*
Adran gwybodaeth a chefnogaeth y Cynulliad yng Nghymru ar gyfer busnesau.

Dyma rai o'r llyfrau y cefais flas arnynt yn ystod y cyfnod y bûm yn paratoi'r gyfrol hon:

1. *Start your Business Week by Week* – Steve Parks (Pearson/Prentice Hall)

2. *Organizational Behaviour* – Buchanan a Huczynski (FT, Prentice Hall)

3. *Make Your First Million* – Martin Webb (Capstone)

4. *Good to Great* – Jim Collins (Harper Collins)

5. *A-Z Business Studies* – Lines, Marcousé a Martin (Hodder & Stoughton)

6. *Before you Quit Your Job* – Robert T Kiyosaki (Warner Business Books)

7. *The Book of Luck* – Summers a Watson (Capstone)

8. *I Can Make you Rich* – Paul McKenna (Bantam Press)

9. *The Illustrated Book of Wisdom* – (Silverleaf)

10. *Tycoon* – Peter Jones (Hodder)

11. *My Big Idea* – Rachel Bridge (Kogan Page)

12. *How I Made It* – Rachel Bridge (Kogan Page)

13. *Screw It, Lets Do It* – Richard Branson (Virgin Books)

14. *Score, inside 20 entrepreneurs* – (Capsica)

15. *The Small Business Startup Workbook* –
Rickman a Roddick (How to Books)

16. Starting and Running a Business All in One for
Dummies – Barclay and Barrow (Gregory Books)

17. *Business START UP 2009, Financial Times* –
Sara Williams (Prentice Hall)

18. *Entrepreneurship and Small Business* –
Paul Burns (Palgrave Macmillan)

19. *Small Business Ideas: 400 latest and greatest small business
ideas* – Terry Kyle (The World's Biggest Books.com)

20. *Getting it Done* – R Fisher and Alan Sharp, Harper Perennial

21. *The McKinsey Mind* – E Rasiel, P Friga and McGraw Hill

Cofiwch hefyd am gyfres newydd o hunangofiannau busnes
Cymraeg yn adrodd storïau'r gwahanol fentrau

SYNIAD DA: y bobl, y busnes – a byw breuddwyd

BUSNES AR Y BUARTH
Gareth a Falmai Roberts, Llaeth y Llan 1985-2010

Y GWALCH, YR INC A'R BOCSYS
Myrddin ap Dafydd, Gwasg Carreg Gwalch 1980-2010

100 tud yr un; £4.75
Gwasg Carreg Gwalch

mwy i ddilyn..

Mynegai

Busnes
ar y Buarth

Gareth a Falmai Roberts
Llaeth y Llan 1985-2010

"Bob tro y bydd bygythiad yn dod drwy
lidiart y fferm, bydd cyfle yn dod gydag o ..."

SYNIAD DA: y bobl, y busnes – a byw breuddwyd
BUSNES AR Y BUARTH
Gareth a Falmai Roberts, Llaeth y Llan 1985-2010
104 tud; £4.75
Gwasg Carreg Gwalch

Y Gwalch, yr Inc a'r Bocsys

Myrddin ap Dafydd
Gwasg Carreg Gwalch 1980-2010

"Mi rydw i wedi bod yn lwcus iawn –
mi lwyddais i droi fy niddordeb yn fara menyn ..."

SYNIAD DA: y bobl, y busnes – a byw breuddwyd
Y GWALCH, YR INC A'R BOCSYS
Myrddin ap Dafydd, Gwasg Carreg Gwalch 1980-2010
104 tud; £4.75
Gwasg Carreg Gwalch